EL JARDÍN DE MI RECREO

José María González Cabezas

EL JARDÍN DE MI RECREO

Editorial LEDORIA
J   M   R

I.S.B.N.: 978-84-19887-40-5
Depósito Legal: TO-272-2024
© Del Texto: El autor
© De la edición: Editorial LEDORIA - Jesús Muñoz Romero
* Calle del Conde de Casal, núm.47
Las Ventas con Peña Aguilera (Toledo)
* Calle de la Fuente del Moro, núm. 6
Toledo
Teléfono: 925 25 13 81
Correo electrónico de contacto: info@editorial-ledoria
www.editorial-ledoria.com

Diseño de la portada: Equipo de la editorial Ledoria
Ilustraciones del interior: Lalo González Cabezas

*A mis hermanos, Javier, Lalo y Juan Carlos,
por todo los que les debo.*

EL JARDÍN DE MI RECREO

El jardín de mi recreo
tiene una mimosa gigante
que se mece con el aire.
Sus brazos de verde esmeralda
me saludan al despertar el alba
desde su elevada atalaya
al compás de la brisa suave
de primavera,
y me regala en la tarde
el ramo de flores gualda
de su vestido.
El jardín de mi recreo
tiene un frondoso tilo
que es el dulce hogar
de mis sueños prohibidos.
En su tronco me reclino
en los largos ocasos de estío
y le lloro y le cuento
mis historias de amor secreto.
El jardín de mi recreo
tiene un anciano olivo
que es morada perpetua
de una nube de gorriones.
En su copa la ingente nidada
me canta cada mañana
una jovial serenata,
mientras preparo su mesa
con manjares de trigo

y agua de fresas.
El jardín de mi recreo
tiene una galana higuera
que ofrece sus hojas nuevas
y sus tiernos frutos a las viajeras
alondras que descansan
en mi ameno huerto
de su agitado vuelo.
El jardín de mi recreo
tiene un sagrado laurel
que evoca la gloria de los poetas
y de sus celestes poemas.
El jardín de mi recreo
tiene un oloroso lilo
que me concede sus ramas
llenas de color y vida.
El jardín de mi recreo
tiene dos pequeños granados,
sultanes del paraíso
en mi humilde estancia,
que me traen aromas de arrayán
y de azahar de los palacios
de Oriente.
El jardín de mi recreo
se cuaja de petunias y rosas,
de botones, calas y nardos
todas las estaciones del año.
Tiene el jardín de mi recreo
un fiel guardián que me acompaña
y que cuida de todas las aves
que se acercan a la casa,
y saluda a todas las plantas
cuando brinca, gozoso, al verlas,
y persigue en la noche a las estrellas
que imagina como cuna de seda.
El jardín de mi recreo

tiene dos almas grandes
que son mi solaz y mi acicate.
Hay en el jardín de mi recreo
una paz que me inspira
los más sentidos versos.

DEDICATORIAS

RECUERDO
(A mi madre)

Te recuerdo todas las tardes
sentada en tu sillón
mirándome con esos ojos de miel
y esa sonrisa de ángel.
Esa sonrisa que era tu pasaporte
y que me regalabas
cuando regresaba a casa
cargado con todo el peso de la jornada.
Me acercaba con devoción
a besarte en las mejillas,
como hacen dos amantes
que se comunican sin hablar
tras tantas primaveras
deshojadas juntos
en el jardín de la vida,
entonces tú rodeabas
con tus brazos mi cuello
lacerado por el tiempo
y el desprecio de los días,
y me decías al oído
dulces palabras
que sonaban a melodías
que cantábamos a dúo
en el escenario de nuestro hogar.
Para hacerte feliz
silenciaba mis llantos
y ahogaba mis suspiros
en tu regazo como hacía

de niño cuando te buscaba
por todas las estancias
solicitando con mi mirada
una caricia tuya que sanara
mi infantil alma atormentada.
Y para finalizar la velada
en el tocadiscos del salón
sonaba la canción de Los Brincos:
«Un sorbito de champán»,
que nuestros labios entonaban
al unísono juntando nuestras manos
como un coro improvisado.
Te recuerdo más cada año que pasa.
Me faltas en el aire y en la ventana.
Me faltan tus pupilas y tu boca.
Me faltan tus palabras y tu risa.
Me falta tu serena candidez.
Me falta tu paciente espera
como centinela del amor.
Me faltas tú.
Con mis dedos dibujo en la bruma
cada mañana tu figura
y por las noches contemplo
tu bello rostro de amapola
en el techo de la habitación
donde me acuesto
y me duermo sereno
soñando con tu esmero.

ELEGÍA

Alicia, aún no he podido
deshacerme de tus cosas.
Tres largos años han pasado
desde tu huida al otro lado
y te sigo encontrando
en la sombra de ojos
que dibujaba de amor tu mirada,
en la barra de carmín
que perfilaba una tierna sonrisa
en tus labios maternos,
en el dorado peine
que atusaba las sinuosas ondas de tu pelo,
en el plateado esmalte
que coronaba la delicada cima de tus dedos
y que retengo como un tesoro
en los olvidados estantes
donde tú misma los dejaste.
Aún no he podido, mi vida,
deshacerme de tus ropas.
Te sigo vistiendo cada día
con tus blusas de flores
y tus zapatos marrones,
con tus abrigos de domingo
y tus faldas de colores,
con tus pañuelos de seda
y tus collares de cuentas.
Aún conservo la alianza de tu boda
en la urna sagrada de tu habitación.

Todavía no puedo escuchar tu música, mi cielo,
porque es tan grande mi herida
que sangra como la lava en un volcán
si hasta mi oído llegan los acordes
de tus queridas canciones.
No puedo oír el alegre galope
del caballo viejo cuando caracolea
al son de una guitarra flamenca.
No puedo escuchar aún
la melodiosa voz de Camilo
interpretando «el amor de mi vida has sido tú»,
sin que el amargo rocío
se deslice por mi rostro
como gotas de lluvia tras los cristales.
No puedo oír la desesperada llamada
de Nino a Noelia
en la playa desierta
donde la busca con desaliento
y no la encuentra.
No puedo escuchar aún
a Moncho paladeando
un nostálgico bolero,
ni oír el lírico canto de Jeanette
confortando a la afligida niña
a quien una maldita dolencia
arrebató a su pobre madre de su vera
sin sentir una afilada daga en mi corazón,
porque tú, como en aquella canción,
te fuiste de mí para siempre
y yo porfío en mi desesperada impotencia
de no poder regresarte.

HACE UN LUSTRO YA

Hace un lustro ya
que el tiempo se detuvo
en tu boca de amapola
y jazmín.
Hace un lustro ya
que la bruma se alojó
en tus ojos de canela
y miel.
Hace un lustro ya
que la noche no inspira
la ternura de un niño
ni los labios de la luna
beben en las aguas
serenas de un lago.
Hace un lustro ya
que se durmió el reloj
de tu corazón de terciopelo
y se marchitó la camelia
de tus manos de nácar.
Se apagaron las velas
que iluminaban mi camino
y los luceros que leían
mis pensamientos marcharon
por una senda sin retorno.
Hace un lustro ya
que te siento tan cerca,
cuando me acurruco
en el sillón que te mecía,

que aún hoy noto tus dedos
enredando mi pelo
y cantando mi nombre,
y te siento tan lejos
cuando miro ilusionado
tu rostro de niña dichosa
en el retrato inerte de la pared.
Hace un lustro ya
que no te canto al despertar
las eternas melodías
que escuchabas en el salón
e interpretabas a dúo conmigo
en perfecta armonía de amor,
ni te acompaño ante el altar
vespertino de la Señora de azul
donde las cuentas del rosario,
como un perfumado rosal,
se elevaban desde tus labios
al cielo cual ondas de humo
de divino incienso.
Hace un lustro ya
que me dejaste solo
en este frío páramo
donde la espiga es abrojo
y el cordero es un lobo,
donde el sol se viste de luto
y la tarde se pasea sin manto,
donde una lágrima es un tesoro
y la risa un eco lejano,
donde tu sombra es un llanto
y tu figura un espejismo sonoro.
Hace un lustro ya
que vago entre cosas y mundos
pintados de gris y azabache,
fantasmas de luz irreal
que me acompañan en la oscura

vereda que estoy obligado
a transitar sin descanso
hasta que vaya a dormir a tu lado
el sueño de las estrellas
en el patio de los lirios.

EN SUS MANOS
(A Mariano San Félix)

En sus manos el frío acero se viste de sol.
En sus manos la noche se cubre de luna
y la oscuridad se llena de estrellas.
En sus manos la geometría de Dios se hace humana.
En sus manos las esferas celestes encuentran asiento
y las criaturas se muestran dóciles.
De sus manos la sublime cumbre
encuentra su Olimpo
y los poetas su Parnaso.
De sus manos el tiempo
huye enamorado
y se deja atrapar
en un regio presidio,
en el que una princesa
de labios de oro
y cabellos de plata
conduce su alma
y le aguarda
asomada al alféizar
de una invisible ventana.
De sus manos nacen las ninfas
que en sus ánforas portan
hasta el altar de Juno
sus zozobras y sus dones
para rogar salud y dicha.
En sus manos la dulce Pandora
entrega su cofre en cuyo suelo
yace la esperanza
que atesora su cerradura.

De sus manos el paisaje se escapa
y se entrega a una idílica orgía
que recrea y cautiva.
De sus manos la virginal niña
ocupa su angélico trono
y con amparo materno
nos acuna en su divino manto.
En sus manos el nuevo Adán
acepta su escarnio
y desde su vertical cadalso
la sangre derramada limpia
la atezada piel de la tierra.
En sus manos un cretense cenáculo
no cree lo que escucha
y en actitud dudosa
disculpa su actuación postrera.
En sus manos la luz y la poesía,
en sus manos la fe y la fantasía,
de sus manos el color y la elegancia,
de sus manos el arte y la constancia.

ERES TÚ
(A Maribel)

En el ameno jardín la rosa escarlata,
a la que todas envidian
y gardenias y lirios
rinden pleitesía, eres tú.

En el oscuro firmamento el lucero,
que firme brilla y sirve de guía
a estrellas y planetas, eres tú.

En el prado la hermosa amapola,
que con sus pétalos de sangre
redime a la glauca hierba, eres tú.

En las ondas la dulce sirena,
que acuna a delfines y nereidas
en un lecho de blanca espuma, eres tú.

En los montes la esbelta gacela,
que sigilosa bebe en las puras aguas
de los canoros ríos, eres tú.

En las ramas el gorrión humilde,
que con su sencillo canto
saluda a la perezosa mañana, eres tú.

En la llanura la solitaria encina,
que de alondras y golondrinas
es tierna morada, eres tú.

En el desierto el fresco oasis,
que a la sombra de altas palmeras
enamora, eres tú.

En el balcón el rojo geranio,
que a una anciana mano besa
por su primoroso cuidado, eres tú.

Tú eres rosa, lucero, amapola,
sirena, gacela, gorrión y encina.
Tú eres oasis, geranio y vida.

Tu agarena mirada cautiva
en el ángulo dorado de tu pupila.
Tu sonrisa de miel riega
de amores la aguda daga de las aristas.

Tus atentas manos palpitan
con los labios de las espigas
y los cabellos de la lluvia fina.
En tu corazón de terciopelo
anidan mi devoción y mi contento.

UNA TARDE
(A Maricarmen Rubio)

A contemplar un sol de mandarina,
que nos guiña su ojo enamorado
entre las ramas de las vetustas encinas,
salimos del recinto en el ocaso
y en nuestros labios de nardo y clavellina
beben las graciosas golondrinas
los versos de Lorca y de Machado.
En las largas y cálidas tardes de verano,
entre documentos, nóminas y papeles,
se erigen mudas confidencias noveles
e intimidades de cerco sublime
cuyo eco repiten las paredes,
y en ese santuario de rosas y claveles
se coronan nuestras cabezas con laureles
y se perfuman nuestras almas con poesía.
En el ángulo de la sala un ramo de lilas,
en la mesa un búcaro con dalias,
en los muros paisajes de nostalgia,
en el estanque melancólicas medallas,
en el aire tus poemas declamados
y en mi corazón tu tierna mirada.

IN MEMORIAM

A MARINA

Un rayo de luz celeste se detiene
en tus pupilas de miel
para inundar de color el alfabeto,
que a la sombra de una palmera
de palabras en tus labios
se torna en torrente
de mágicos vocablos.
En tu trono de letras consagradas,
y ante un altar de místicas miradas,
va desfilando una lírica tonada
de versos, rimas y emociones
que juntas contigo exponen
el alto postigo de tu noble corazón.
Porque te has ido en silencio
como la golondrina en invierno
llora el sauce en la ribera,
el gorrión en su nido
y el jazmín en la reja.
Porque te has ido de puntillas
como el gato a su rincón
llora el romero en el campo,
el fuego en el hogar
y la mariposa en la rama.
Porque te has ido
de vanidad desnuda
y vestida de ternura
lloran las rosas y las camelias,
los nardos y las gardenias,

lloran las amapolas
y tiñen de rojo el prado,
llora la aurora
lágrimas de rocío
y llora el otoño
hojas de grana y oro,
llora el monte y la nube,
la alondra y el ruiseñor,
y yo, triste y perdido,
en esta solitaria acera
con mi llanto bordo
en un sutil bastidor
con letras mayúsculas
la primigenia palabra:
AMOR.

NUBE
(A Patricia González)

Mariposa de alas de nácar
que en vuelo regio
viste de fulgor las flores.
Sirena de senos de plata
que sus cabellos ondula
con peines de coral.
Violeta de azúcar
que liba una dulce boca
en el umbral del recuerdo.
Palmera dorada
del oasis del amor
donde anida la melancolía.
Estrella fugaz
donde se atan los serafines
para conjurar la desdicha.
Cinta de raso
que anuda con irisada ilusión
el regalo más preciado.
Gacela de ojos garzos
que bebe las aguas puras
del lago sagrado.
Alondra de cristal
donde dulce late
el corazón púrpura
de un insondable felino.
Cálamo de elegante rima
que en versos de amor
prodiga su mágica tinta.

Aurora que despierta el día
en que un generoso sol
besa con sus labios la vida.
Gorrioncillo inocente
que, asustado, se acerca a la mano
que acaricia su humilde plumaje.
Lucero que titila dichoso
en el seno de la nebulosa
que tiene a su madre por reino.
Nube que en el cielo gozosa
abraza las gotas
que en lluvia animosa
una mañana de primavera
derrama cual llanto feliz
sobre las lilas y las rosas
de un ameno jardín.
Nunca más serás mariposa,
sirena, violeta o palmera,
ni estrella, cinta o gacela,
nunca más serás alondra,
ni cálamo, aurora o gorrión,
ni tampoco lucero o nube,
porque te has convertido
en el poema eterno
que recitan las diosas
en el alegre Elíseo.

Y YO ME IRÉ
(A Carlos Gallardo Morera)

Y yo me iré
con el sol de la tarde,
en silencio
como un nazareno,
y me llevaré el perfume
de las rosas y las camelias,
del mirto y la hierbabuena.
Y yo me iré
con la nube blanca,
en silencio
como una pequeña barca,
y me llevaré el sonido ameno
de las calles y de las plazas,
de los jardines y las terrazas.
Y yo me iré
con la suave brisa,
en silencio
como una enorme montaña,
y me llevaré el dulce canto
del ruiseñor y la calandria,
del jilguero y el zorzal.
Y yo me iré
con el arco iris,
en silencio
como un apacible lago,
y me llevaré la sonrisa
de las estrellas y los planetas
y peinaré los níveos cabellos

de la luna y de los cometas.
Y yo me iré
en silencio
sin despertar sospechas,
a la vera de las fuentes y los arroyos
donde beben sigilosas las gacelas.
Y yo me iré
y aquí se quedará mi cuerpo
acunado entre los brazos
de la blanda tierra.

A VÍCTOR RAFAEL RIVAS

Amigo Víctor:

Has sido como la golondrina un impenitente peregrino en el corto camino de la vida y el destino, que te encadenó hace años a esta ciudad, te ha rescatado de la sal y de la luz del Mediterráneo para trenzar una guirnalda de sueños en los albores de la primavera en ésta tu segunda cuna, donde has encontrado el reposo junto a los buenos amigos que tú estimabas y tanto querías.

El Tajo y sus orillas han sido mudos testigos de tus profundas meditaciones sobre las eternas preguntas que persiguen al ser humano desde sus primeras luces, y que tú buscabas buceando en el fértil océano de tus autores preferidos, a los que estudiaste en profundidad para concurrir con ellos en la insaciable sed de conocer y desentrañar los misterios del alma humana que todos compartimos. Y yo he participado y aprendido de tu sabiduría paseando a tu lado en una tarde serena, o bien alrededor de una mesa camilla, saboreando tus enseñanzas como se degusta un plato suculento o se disfruta con la contemplación de una hermosa obra artística.

Los que hemos tenido la suerte de haberte conocido hemos entrado en ti como tú en nosotros y hemos descubierto tu sinceridad, tu integridad, tu coherencia, tu inteligencia, tu generosidad, tus dudas y tus miedos, como tenemos todos los humanos, pero también tus certezas, y entre ellas se encuentra tu gran amor, Loreto, y por eso la queremos como tú nos has enseñado a hacerlo, en definitiva, nos has regalado tu amistad.

No te marchas de nuestro lado, Víctor, porque ya has compartido con nosotros una entrañable estancia de tu alma, y ésa la guardamos en nuestro corazón como un incalculable tesoro.

Gracias por todo lo que nos has dado y hemos aprendido contigo. En este definitivo y rotundo momento es obligado despedirnos de ti con un sentido y amoroso «hasta siempre, Amigo.

MI MÚSICA

A SILVIO RODRÍGUEZ

Sueño de estrellas en San Antonio de los Baños,
melodía de son cubano y habaneras,
crisol de fuego y agua en redoma plateada,
nota dorada tejida entre las cuerdas de un pentagrama,
juglar caribeño de guitarra y canto,
trovador audaz en cuya voz resuenan los ecos de Martí,
pequeño príncipe en una isla a merced del viento del norte,
cultivador de vida y surtidor de voces,
alegre avecilla de altos vuelos,
corazón indómito de terciopelo,
mente ávida de historias y de amores,
altavoz de luz y de pasiones.

COMO UN CANTO RODADO
(A Bob Dylan)

Un acaso, un mañana, un revés,
todo en un minuto cabe
cuando sopla el viento suave.
Un amor, una ilusión, una traición,
son imágenes que el espejo guarda
en el traje de cristal
con que se viste cada madrugada.
Un desprecio, un saludo, un adiós,
se unen girando en un carrusel de cartón
donde las virtudes se ocultan
tras la grupa de un caballo,
que mira sin ver a un gallo,
a un payaso y a un cisne con escapulario.
Un desierto, un oasis, un destello
se convierten en un misterio
cuando unos labios pronuncian
sus nombres en el centro
de una tormenta insomne.
Como canto rodado
arrastrado por la corriente,
sin rumbo, sin hogar,
nómada impenitente,
tengo como techo las estrellas
y hojas de escarcha como lecho.
En el hogar de mi soñada casa
crepitan troncos sin llamas
e iluminan las estancias luciérnagas,
que en procesión de soberana marcha

desgranan las cuentas de un rosario de agua.
Como canto rodado
herido por la grama
lavo mis abiertas llagas
en la fuente del dolor
y voy sin rostro y sin cintura
de la oscura rama a la triste luna.

EL FINO HIELO DEL NUEVO DÍA
(A Ian Anderson)

El fino hielo del nuevo día
se desliza colina abajo
como un esquiador que va dejando
surcos de ensueño en su descenso
hasta llegar al valle de la nostalgia
donde deposita una nube blanca
sobre la etérea losa del recuerdo.
Nace de los dedos cárdenos del romero
y se cría en los brazos de miel
de la inmaculada rosa de la jara.
En su peregrinaje por la ladera
no desdeña perfumarse de hierbabuena
ni vestirse con las galas de las amapolas,
de las margaritas y de las azucenas.
Y cuando llega a la corriente que riega
las anchas caderas de las genistas,
de las violetas y de las alamedas,
se funde depositando en sus aguas
las lágrimas que han enjugado
por el camino las verdes hierbas.
Frágil como cristal de lago,
efímero como reloj de arena,
débil como escala de llanto,
necesario como el pan diario,
perecedero como el ocaso perdido
y fértil como el niño nuevo,
el fino hielo del nuevo día
despierta cada posible mañana

en la blanda cama de la alegoría
tras un profundo sueño de escarcha,
de carámbanos y de celosías.

LA CANCIÓN DE LA LLUVIA
(A Led Zeppelin)

Tintineo de gotas en el cristal,
rumor de arroyos en las aceras,
repique de campanas en los aleros
y en los árboles canto de jilgueros
ante la alegre sinfonía de la lluvia.
Entre risas y juegos el espliego
seca su camisa al viento
y lava sus perfumados pies
en el húmedo suelo.
El tomillo y el romero
elevan su rostro al cielo
y refrescan sus pequeños
labios en el agua serena
que riega los sedientos campos.
La cenicienta encina
limpia su ajustado corpiño
de ocre teñido por la roja arena
en el acuoso lavadero
y vuelve a lucir de nuevo
su color de verde aceituna.
La hierba perezosa
ondula su lomo
como un mar de olas
ante la imprevista llegada
del calado amante.
Sobre la seca tierra se derrama,
cual grata enredadera,
el llanto celeste de los cometas

disuelto en lágrimas de miel y canela,
y las nubes pasajeras
desde su elevada atalaya
saludan a su paso al valle,
al prado y al monte
con un regio pañuelo
de seda y de terciopelo.
Tintineo de gotas en la mirada,
rumor de arroyos en el corazón,
repique de campanas en el alma
y canto de hojas en las ramas
ante la alegre arribada
de una acuosa cantata.

LLUVIA PÚRPURA
(A Prince)

Una lluvia púrpura
riega el jardín
de mi amor
entre almendros
y naranjos en flor
cuando los gorriones
cantan su nombre al sol
y las alondras
tejen con sus picos
sus iniciales en sus nidos.
Una lluvia esmeralda
se cuela entre las ramas
de tamarindos y álamos
para llenar tus ojos verdes
de prado cuando el ruiseñor
se pasea en el aire
y la gacela contempla,
absorta, el ocaso.
Una lluvia fina de luna
en mitad de la noche oscura
platea las divinas hojas
del olivo y del laurel
con que coronas
tus doradas sienes.
Una delicada lluvia de rubíes
destila un olor de azahar
y se posa en tus labios de fresa
que besan los míos

en comunión de miel y limón.
Una perfumada lluvia de rosas
aderezada con violetas y narcisos
discurre entre los pliegues venturosos
de tu adorado paraíso
en cuyo centro, como la estatua
elefantina de un dios pagano
en su capilla, se aloja ruborosa
entre fina enredadera
la espiga de la eterna primavera.

OÍ TU VOZ
(A Jeanette)

Oí tu voz
en los almendros en flor,
en los arroyos canoros
y en los rizos del viento.
Oí tu voz
en el amarillo de la genista,
en el rojo de la amapola
y en el cárdeno de la violeta.
Oí tu voz
en el azul del mar,
en el verde de la encina
y en el ocre del camino.
Oí tu voz
en el silencio de las estancias,
en el rumor de la tarde blanca
y en mis sueños de albahaca.
Pero tu voz
es sólo el eco de tu mirada,
una mirada que quedó prendida
en el alféizar de mi ventana.
Una mirada que vale un mundo
en el bazar de las añoranzas.
Una mirada que se fue al alba
entre las hojas marchitas
de un ramo de rosas de escarcha
que dejó tal vez olvidado
sobre la mesa grande
de la triste sala.

MIS POETAS

AUSENCIA
(A Luis Cernuda)

Las cuerdas del violín
arrancan de mis ojos
amargas lágrimas
en una tarde invernal,
cuando escucho los acordes serenos
de una sonata
que me recuerda a ti.
¿Dónde te escondiste?
¿Qué lejanos parajes gozan de tu presencia?
¿Qué fuentes besan tus labios?
¿Qué flores acarician tus blancas manos
y te susurran sus cuitas amorosas?
¿Por qué se me ha negado siempre el amor?
Si no puedo ser prado que sienta tu cálido peso,
ni fuente que bese tus pétalos de terciopelo,
ni flor que corone tus cabellos,
ni brisa que aspire la dulzura de tu cuerpo,
al menos ¡déjame soñarlo!
y que mi sueño traspase el tuyo
para que se confundan realidad y deseo.

ESCRIBO
(A Vicente Aleixandre)

Escribo para los que me leen
y para los que no me leen.
Escribo para los que me aman
y para los que me odian.
Escribo para los que gritan
y para los que callan.
Escribo para los que sufren
y para los que hieren.
Escribo para las víctimas
y para los verdugos.
Escribo para el niño
que desde el ángulo
de su inocencia no acierta
a adivinar el devenir
que le espera.
Escribo para las amas de casa
cuyas armas de liberación
son la escoba y la fregona.
Escribo para el consagrado poeta
que no acepta ni una sola receta.
Escribo para el maltratador
que hace de su cobardía valor.
Escribo para los políticos
que aún no se han enterado
de que la política no es profesión.
Escribo para los necios
que se han convertido hoy
en sabios enciclopédicos.

Escribo para los pensadores
dormidos que hibernan
en las grutas de la indolencia.
Escribo para los engreídos *youtubers*
que con sus dogmas inundan
las redes de total ignorancia.
Escribo para los vanidosos *influencers*
que destruyen el alma
de sus ingenuos imitadores.
Escribo para los teléfonos móviles
que dominan la mente y la voluntad
de sus adictos propietarios.

Pero sobre todo escribo
para la mariposa que con sus alas
multicolores besa delicadamente
mi rostro.
Sobre todo escribo
para el frondoso valle
que me regala sosiego y reposo.
Sobre todo escribo
para el tibio ocaso otoñal
que acaricia mi piel
como la sensual mano
de un experto amante.
Sobre todo escribo
para la hacendosa abeja
que me proporciona
cera y miel.
Sobre todo escribo
para la alegre golondrina
que me visita cada primavera.
Sobre todo escribo
para el lindo ruiseñor
que llena mi calmada soledad
con sus canoros trinos.

Sobre todo escribo
para el fecundo autor
que me facilita con su obra
el gozo y la conciencia.
Sobre todo escribo
para mi inteligente perro
que llora cuando peno
y salta cuando me alegro.
Escribo sobre todo para ellos,
porque ellos son los únicos
que heredarán mi sueño.

Y TÚ ME PREGUNTAS
(A Gustavo Adolfo Bécquer)

Y tú me preguntas:
—¿Qué hay en un beso?
La sombra apacible
de una centenaria encina.
El rocío rosa
que saluda al nuevo día.
La elegante huella
de una gacela en la blanda nieve.
La exquisita fragancia
de un delicado nardo.
La dulce miel
de mil panales.
Y tú me preguntas:
—¿Qué hay en un beso?
La frescura
de la fina lluvia de abril.
El canto armonioso
de una sencilla fuente.
El trino multicolor
de un ruiseñor.
La merecida paz
de un atardecer de mermelada
y la lisura de unas blancas alas.
Y tú me preguntas:
—¿Qué hay en una mirada?
El arco iris
que escala hasta el cielo.
La espuma del mar

donde se bañan las sirenas.
El espejo esmeralda
donde se asoma la luna
para pintar sus labios de plata
y adornarse con pendientes de dalias.
La suave brisa
de una cálida noche de verano.
La sonrisa de una nube viajera.
Y tú me preguntas:
—¿Qué hay en una mirada?
El manto regio
que tejen amapolas y violetas
sobre el ameno prado
donde danzan de la mano
abejas y libélulas.
El brillante lucero
que ilumina la noche oscura.
La pequeña barca
que se mece asustada
entre las olas.
El fondo de un lago
donde duermen acurrucados
los sueños de los enamorados.
La poesía que contiene
el rizo del viento
y el vuelo de una golondrina.
Y yo soy el pobre galeote
amarrado al tierno remo
de tus besos
que vivo preso
en la grata cárcel
de tu mirada.

A BEETHOVEN

PRIMERA SINFONÍA

Como las olas embisten
contra los escarpados acantilados
despojando de sus cuerpos
las aristas, y anegando
sus brazos en la espuma
que oculta sus manos,
cual densa bruma
en las largas noches de invierno;
como la aurora acude temprano
a la llamada del nuevo día
y envuelve en rocío la tierra,
que despierta perezosa al sentir
en su piel las frescas gotas de agua
que lavan su rostro aún dormido;
como el trigo verde desafía al viento
y gobierna con firmeza la nave que boga
entre las olas escarlatas de un mar,
que congrega en primavera
a un nutrido ejército de abejas;
como el arco iris escala hasta el cielo
para trenzar en su frente
una guirnalda de colores
y ofrece a los hombres
los dones de la esperanza;
como las golondrinas
en su eterno retorno
elaboran con primor
sus nidos para acunar

a sus hijos con amor,
y los pardales vuelan libres
pregonando al mundo su orgullo
y la ineficacia de una celda;
como las estrellas iluminan la noche
dilatando sus blancas pupilas,
y la luna con su plateada cara
y su camisa de etéreo encaje
aguarda paciente al galán celeste
que se una a su danza agarena;
como las cigarras interpretan
su sonora letanía
al amparo de las hojas
en el ardor del alegre estío,
y los grillos cantan
con armónico son
bajo las mojadas hierbas
de una delicada lluvia,
que amorosa fecunda los campos
donde duerme el romero;
como el cariño enreda los corazones
de los jóvenes amadores
en el umbral de la vida y los envuelve
en una invulnerable madeja de ternura;
como el dulce llanto lava las heridas
infligidas por la ira y fecunda
feliz el ombligo de la constancia,
así el joven Ícaro
con sus alas de cera
reta al sol en su elevada esfera,
que en helicoidal descenso
hace retornar a su vinculada cuna
por desafiar su divino espacio;
así el bello Paris,
tocado por el ala de Cupido
y encendido en su centro de libido,

sin mensurar las funestas consecuencias
al timón de la Venus griega unce su destino;
así el astuto Ulises
arrostra todos los peligros
por el ignoto piélago
para arribar a las arenas
de su añorada Ítaca;
así la triste Niobe
llora inconsolable la ruina
de sus entrañas
en la pugna con la iracunda Leto,
cuyos hijos le arrebatan los frutos
de su violenta pasión con Anfión;
así el melancólico Orfeo
despierta piedad con su canto
a las criaturas que, atentas,
escuchan de sus labios y de su lira
su insondable desdicha;
así el atrevido efebo
persigue el sueño inane
de una eterna juventud
que el tiempo en desbocada grupa
disgrega como una frágil primavera.
Tras los acordes que buscan su armonía
van las penas y los deseos.
En pos de la mocedad hasta alcanzar su paso
la locura, el ímpetu y la ilusión.
En brazos de la música se mecen los anhelos
y en el alma se atesoran los secretos.

SEGUNDA SINFONÍA

El ala liviana de un beso en el filo de unos labios.
El silbo amoroso de una saeta surcando el aire
en busca de una invisible diana.
El tacto sutil de unos dedos enamorados
en el templo pagano de la hermosura.
Unos transparentes párpados que proyectan
el sueño de una mirada celada.
Una venturosa boca que secuestra
en su húmeda morada la tristeza
intangible de la palabra no pronunciada.
Un dócil aliento que cabalga
la grupa de una desbocada pasión.
La armoniosa melodía que exhala
la perfumada piel de un vaporoso cuerpo.

Las noches y los días colgado
de esta melancólica agonía.

El jazmín que crece en silencio
en el recóndito ángulo de un huerto.
El sonido callado de una pluma
que cae en onírico vuelo.
La canción del agua cristalina
dibujada en fluvial pentagrama.

Una letanía divina bajo los arcos
ojivales de una humilde abadía.
El jubiloso crepitar de unos cirios

encendidos al amparo de una pía oración.
El trino desolado de un jilguero
en el fondo oscuro de su férrea prisión.
El paseo íntimo de la luna
en el cálido corazón de la noche.
La fresca brisa que repara
la fractura limpia de un latido.
La sonrisa de un lucero
en el lienzo dramático del cielo.
Una rosa sonrojada en las manos
ebúrneas de una inalcanzable dama.

Las noches y los días colgado
de esta melancólica agonía.

¿Quién se atreve a perturbar
el sosiego de las lilas?
¿Quién dirige la orquesta
de las horas dormidas
en el lecho de la memoria?
¿Quién oculta nuestros nombres
en el reverso de una medalla?
¿Quién se pierde en el ritmo
inquieto de una libélula?
¿Dónde encontramos el tesoro
perdido en el cofre del decoro?
¿Dónde luce la estrella fugaz
que escapa a nuestra fantasía?
¿En qué lugar se halla
el verso que con su eco
abata del dolor las murallas?

Y así pasan las noches y los días
colgado de esta melancólica agonía.

TERCERA SINFONÍA
(Heroica)

En la cumbre sagrada de los helenos
resuena el eco del trueno
del padre de los dioses y de los hombres,
y desde su etéreo trono dirige
con divino amor el sino de sus hijos
y protege de las iras infernales
la azarosa vida de los mortales.
De entre sus amados vástagos
al que de una fina lluvia áurea
se gesta en el vientre de una reina,
de Acrisio hija y de Argos monarca,
y a quien en una bronceada torre
cautiva la guarda por funesto augurio,
salva de las airadas espumas
que el tridente de Poseidón agita.
Al amparo de Polidectes se convierte
de temeroso infante en vigoroso joven
y conforme a sus desvelos
la cabeza de Gorgona le promete.
En el barco de su aventura los deseos
encuentran su mágico aposento
y en la morada de las inquietas ninfas,
arriadas las velas, la heroica nave recala.
De Hades el casco recibe
que, cual cortina de niebla,
a su portador disimula y esconde
y para surcar los vientos
y presto escapar de las amenazas

sandalias aladas le calza.
De Hermes otros dos obsequios percibe,
una acerada dalla que a su aguzado filo
se inmolen las voces de su garganta
y un escudo brillante cual puro espejo
donde pueda mirar sin ser mirado.
Ante tal dispendio de dones
las bellas nereidas le ofrecen, bondadosas,
un prodigioso zurrón donde repose
sin causar enojo la testa letal de Medusa,
que en profundo sueño sumida
en su hosco lecho
despierta decapitada,
y de cuyo flujo carmesí
un albo caballo celestial
y un titán de dorado gladio
brotan para espiar
la sevicia maternal.
Al pie del monte sacro
una elocuente musa
cuida con poético celo
a la criatura que del divino
Apolo fue regalo,
y que en sus tiernas manos
el radiante padre
una lira de oro deposita,
y, cual diestro artista, descifra
a sus cuerdas una música sublime
que a los hombres enamora
y a las fieras tranquiliza.
Un pérfido áspid su ponzoña
inocula en su delicado tarso
a su dulce Eurídice
que entre agudos dolores
en sus brazos sucumbe.
Los ayes y los lamentos

del triste y desconsolado amante
desgarran el corazón abatido
de los montes y de los valles,
de los dioses y de los animales,
y en un arrebato de locura
en pos de su esposa
se precipita en las sombras.
Tocando la lira y cantando
funestas melodías
a los señores del Érebo
conmueve a piedad y clemencia
que ante tal testimonio de amor
su retorno terrenal consienten,
mas una ardua premisa imponen
que Orfeo, imprudente, incumple.
Difícil sentir el aliento cerca
de la amada y no contemplar
su bello rostro y su mirada.
Al girar, incauto, su cabeza,
como a Lot con su consorte le sucede,
no en sal, sino en humo
se desvanece para siempre su doncella.
De sus ojos mana la amargura
y de sus labios la ternura,
y así arrastra su pena por los prados
entonando aciagas canciones,
hasta que las lascivas bacantes
por despreciar sus encantos
quebrar su cuerpo disponen
y, usurpada su vida,
con Eurídice en eterna comunión,
asidos de la mano, por el oscuro
mundo unidos caminan.

Del oráculo con temor la profecía
a Pelias causa enojo,

pues un descalzo pie
despojarle habrá del trono,
y en el ágora ante el templo
de la diosa en humilde sacrificio
contempla para su delirio
que, transcurridos los años,
en Yolco un foráneo
aparece de pieles vestido,
y de un pie desnudo
tal como anunció el augurio.
Ignorando el extraño
del rey su recuerdo,
reclama del reino la sede
que sólo ocupar puede
si consigue alcanzar
una heroica misión:
hasta la Cólquide debe llegar
con los Argonautas Jasón
para a la insomne sierpe arrebatar
el vellocino de oro
del divino carnero.
Construida la nave,
al furioso ponto se lanza
y sortea las dificultades
que las Rocas Azules plantean
merced a la valiosa ayuda
de un sabio invidente.
Llegados al punto, de Jasón
la hechicera Medea se prenda
y a cumplir su encargo se presta
si con él a su patria la lleva.
Efectuada la promesa,
con el héroe la maga se acerca
a la elevada morada
donde el temible ofidio vigila,
y a un hábil conjuro la sujeta

que en profundo sueño la duerme
para que el guía del Argo
recoja del árbol
el preciado vellón,
y así emprender a su tierra
el regreso con firme timón
y exigir del monarca el poder.
Al noble Teseo toda el Ática
agradece su arrojo,
que a luchar contra el Minotauro
hacia Creta embarca jubiloso
junto a sus jóvenes compañeros,
que en humano holocausto
cual pasto serán dados al monstruo.
Mas Ariadna, de Minos hija,
se prenda de su hermosura
y, rauda, le ofrece su ayuda
para desandar el camino andado
dentro del laberinto,
de Dédalo edificio,
con una salvadora cinta
tras matar a la terrible criatura.
Ante las murallas de Ilión
el invencible Aquiles reta
al príncipe Héctor tras conocer
que con su infame mano
ha segado la exultante vida
de su adorado Patroclo,
y en dura lid de muerte lo hiere
y arrastra sus despojos
por las arenas frente a los ojos
de la troyana estirpe.
Conmovido por las paternas lágrimas,
de su hijo le entrega el cadáver
para celebrar con fasto sus funerales.
Mas tamaña ofensa

para la dardania gente
no puede quedar impune,
y una envenenada flecha
lanzada por el arco certero
de su hermano París,
a dar en su frágil talón fue
con tal tino que, en breve,
sitúa al bravo mirmidón
en brazos de Caronte,
y a fundirse llega bajo la tierra
en un eterno abrazo con su amado.

Desde Macedonia el gran Alejandro,
sucesor de Aquiles en el corazón griego,
aúna Oriente y Occidente en fértil ligadura.
Desde el Ática hasta el Indo
en expedición triunfante
funda urbes de su nombre surgidas
y de sus victoriosos generales
el afecto recaba.
Conoce en su juventud la gloria
y los siglos guardan su memoria.

Como espejo el valeroso César,
que a toda la Galia somete
y que, en actitud rebelde,
a cruzar el Rubicón se atreve,
de virtudes y de honor lo tiene,
mas no logra concebir
cómo una filial mano servil
hunde en el pecho paterno
una fría y letal daga
que en unión con otras treinta
tiñe de amapolas su toga
y acaba con su cuerpo en tierra.

El pequeño corso, a quien su gesta
su estatura aumenta,
del memorable triunviro
toma modelo y sistema
para llevar a la vieja Europa
los nuevos aires de la Mariana madre,
que cobija a sus hijos
bajo el manto sacro de la libertad
y dirige a los pueblos hermanos
en la lucha por la igualdad.

CALENDARIO

ENERO

Olor a castañas asadas.
Charla animada junto al fuego.
Ilusión de niños en bandada.
Secretos compartidos
en el ángulo del salón.
Afuera, el ronco y frío viento
ulula y golpea los cristales.
Las ramas desnudas de los árboles
tiritan bajo el caliginoso cielo,
y todo el campo se viste de blanco
con el níveo manto de la escarcha.

FEBRERO

Tímido sol entre visillos.
Candelas como perlas
en un pequeño santuario.
Difuminados colores
entre la fina lluvia que lava
los verdes cabellos de la tierra.
Máscaras cautivas de sombras
en los rostros anónimos
de los hombres.
Voces infantiles que aúnan
en corro sus manos.
Ladridos lejanos que saludan
la esperada llegada del amo.
Tardes ateridas de llanto
en el eterno serial de una radio.
Manos ardientes que alargan
el breve encuentro de dos almas.
Juegos de mesa entre faldas
que despiertan
la más ingenua ignorancia.

MARZO

El sol apacible despereza los campos
y el pañuelo de las nubes se cuela
por las rendijas del cielo.
Las primeras golondrinas acuden
a sus nidos en acrobático vuelo
de geométrica poesía.
Las ramas del almendro
se cuajan de nata.
Los botones de las caléndulas
con sus calientes pétalos
entibian los pies del prado
y los lirios elevan sus delgados cuellos
en busca de una tierna caricia.
En las ventanas las rosadas azaleas
saludan a los viandantes
mostrando su elegante traje.
Parejas de enamorados pasean
de la mano a la vera de los arroyos
al arrullo del agua, y graban
en la corteza de los álamos
las iniciales de sus nombres.
Largas filas de penitentes
inundan las angostas calles
de la ciudad, perfumadas
de azahar, desfilando
con sus hábitos silentes
al compás de una desgarrada
saeta, que se desgrana

desde un anónimo balcón
en la primera luna de primavera.

ABRIL

Pétalos de rosa entre las manos.
Lágrimas de rocío entre las lilas.
Gotas de fina lluvia
en los cristales del alma.
Tardes de anhelo en el desván
de los recuerdos infantiles.
Paseos en la alameda
de los sueños perdidos.
Escenas de amor dormido
en el ángulo del salón
sobre la tela florida
de un centenario diván.
El canoro trino de un temeroso
mirlo inunda de notas el aire.
Las ventanas convocan
con sus verdes talles
a la fiesta del color,
a la que acuden donosas
hortensias y geranios,
dalias y camelias,
jacintos y nardos.
Las fuentes cantan a la vida
desde el esbelto altavoz
de sus enhiestos surtidores
y el silencio de los claustros
se embriaga del perfumado aroma
que exhalan los labios de los arrayanes.
Una campana toca en la ermita.

Los romeros van a misa
y el corazón del valle
se viste de amarillo genista.

MAYO

Un manto de púrpura regio
cubre los campos.
Las amapolas se derraman
como una generosa madre
entregando su sangre
al trigo y a la cebada.
La hierbabuena y la albahaca
despiertan de su largo sueño
llenando con su perfumado aliento
el letargo de los sentidos.
Una bandada de pájaros
surca el horizonte cantando
un tumultuoso himno al sol
en una noria de sutil vuelo.
El pincel del romero y del espliego
pinta de violeta el rostro del valle
y a sus labios acuden
a beber las abejas.
El espejo del agua multiplica
los ojos asustados de las nubes
que vierten sus dulces lágrimas
sobre los finos cabellos
de la hierba esmeralda.
El cielo acoge en su morada
a una pléyade de alas
que danza una solemne pavana
en el salón principal de la casa,
mientras la naturaleza toda
interpreta una bella sinfonía pastoral.

JUNIO

Los luceros encienden la oscura noche
para alumbrar al amor que cantan
los trovadores en las gratas alamedas
bajo los gitanos ojos de la luna llena.
La orgullosa perdiz conduce
a su generosa prole entre los surcos
que ampara la verde hierba.
Los juncos en el claro arroyo,
cual leves celosías
de un palacio encantado,
mecen los trinos,
cobijan las nidadas
y peinan los cabellos del viento.
El oro del trigo compite en fulgor
con la retama en los campos
tejidos de sol.
En el cortejo las aves despliegan
sus irisadas armas en los roquedos
y en los valles, en las ramas
y en las aguas.
El lienzo de la brisa fresca
envuelve los cuerpos desnudos,
que lucen como estrellas,
junto al resplandor de las hogueras
en playas desiertas de blancas arenas.

JULIO

La montaña despierta jubilosa
entre rayos de sol como espadas
y gritos de emoción entre las aguas.
Los jóvenes amadores,
cual estatuas clásicas,
juegan en las arenas cálidas,
y se tocan y se besan y se abrazan,
en una febril orgía de cuerpos mojados
y dorados tras las dunas,
y a la sombra de las finas ramas
de una palmera solitaria.
A esta telúrica fiesta del placer
acuden aves, peces y gacelas,
hormigas, corceles y abejas
en su efímero juego con la vida.
En los montes el blanco algodón de la jara,
abierto como un babero de encaje,
cuaja de copos de nieve la árida
alfombra del arcilloso valle.
Los niños duermen la siesta acurrucados
entre los lienzos alados de las abuelas,
mientras las madres entonan una nana
que silencia por instantes a las cigarras.
Al caer la tarde se escucha una plegaria
en el tañido sincopado de una campana
y los vecinos se aprestan a una animada
charla en la humilde puerta de sus moradas.
Los grillos inician su letanía cotidiana

advirtiendo que está próxima la noche
cerrada, y con su canto imploran
a las estrellas que iluminen
con sus antorchas las veredas.
La luna roja, cual ruborosa amapola,
desde su escabel celeste
bendice al ocaso silente
que busca entre las oscuras sombras
la brillante luz de una nueva aurora.

AGOSTO

Buganvillas cuelgan en los balcones
como rojos farolillos de feria
y en las plazas se visten
de nieve las adelfas.
En los jardines coquetean
hortensias y gladiolos
y en los campos se besan
lentiscos y girasoles.
Manos adolescentes
acarician cuerpos
que despiertan al amor.
Las sirenas del tiovivo evocan
inocentes recuerdos infantiles.
Las cometas alcanzan a las gaviotas
en su danzante vuelo de irisadas cintas.
El mar se recuesta sereno
en las blandas arenas
depositando en ellas
la blanca espuma
de su dorado lomo.
Un marinero olor a sal
trae a la memoria
imaginarias aventuras
en islas de coral.
La música de las bandas
anima la noche en los pueblos
y la sultana luna de agosto
se convierte en testigo
de pasodobles y romanzas.

SEPTIEMBRE

Una pareja de enamorados
deshoja la margarita que miman
entre sus manos hasta dejar desnudo
su generoso corazón dorado.
Los corderos escuchan en las majadas
tañer el rabel a su pastor,
y una lírica canción de amor
de la templada brisa emanada
mece las ramas de los castaños en flor,
que bailan en derredor
una danza de verde limón.
En las vides los dorados racimos
se encuentran ya en sazón
y en su sagrado carro
por ménades tirado
el mismo dios Baco
se corona de pámpanos.
Las tardes apacibles invitan
a un largo paseo a la vera
de un sinuoso regato,
morada de ruiseñores
y estela de soñadores y de poetas.
Cuando en el ocaso el sol se oculta,
se encienden en los campos
los ojos de las lechuzas
y las candelas de las noctilucas.
Una madre teje en silencio
un jersey azul y blanco

mientras su niño prepara
la escolar cartera en su cuarto.

OCTUBRE

Como banderas tricolores
de amarillos, rojos y ocres
ondean al viento
las hojas de los árboles,
que en fraternal empeño
dibujan con sus pinceles
el prado, el río y el monte.
Las nubes con su recamado
manto de oro y grana
pintan sus labios de plata
mirándose en el cristal del lago.
Una tupida alfombra
de hojas muertas
tapiza de melancolía el suelo.
De la mano los amantes
sobre las ruinas de primavera
ensayan odas de enredadera
y elegías vacilantes.
Los sauces lloran en las aguas
la pérdida de su verde traje
y los álamos de la ribera
saludan a la mañana
con la graciosa sonrisa
de sus tornasoladas alas.
Los pensamientos salpican la hierba
con su elegante ropaje
y las dalias recitan versos
en el cenador de los recuerdos.

Una familia de aves despide
el día desde los balcones
entre trinos de alegría
y bostezo de emociones.

NOVIEMBRE

Una densa y azucarada bruma
cubre el centenario cementerio
haciendo emerger las cruces
como mástiles aturdidos
en un naufragio de miedos.
Las torres de la iglesia
cantan su canción de madrugada
en un lecho de vetustas campanas.
El día amanece entre caricias
de un sol distante y templado
que besa tembloroso los labios
de una tierra regada de llanto.
Las gotas de rocío, guirnaldas
de amor, brillan como collares
de perlas en los esbeltos cuerpos
de las encinas, olivos y almendros,
y lucen como diamantes
en los delgados cuellos
de las retamas, tomillos y romeros.
Ya no beben las garzas en los arroyos
ni cantan los jilgueros en las ventanas,
toda la naturaleza duerme un sueño
estelar de montañas,
tan sólo el ciervo brama
repitiendo su eco robles y hayas
en los límites de las sombras
que el cercano invierno arrastra.

DICIEMBRE

Un manto de armiño cubre el paisaje,
mientras un gélido viento despoja
de sus últimas hojas las ramas
desnudas de los árboles.
Una fina capa de escarcha,
como algodón de azúcar,
se refugia en los cristales
y un enamorado escolar
dibuja un corazón con iniciales
en el lienzo helado de una ventana.
El ondulante camino, que asciende
hasta la montaña, se cuaja
de ocres pisadas,
mas de comunión se engalana
cuando caen los blancos copos
de nieve desde las celestes barandas.
Los pinzones se refugian en los aleros
de los tejados y desde su atalaya
reciben en sus picos la niebla vespertina
que espesa cae sobre la ciudad dormida,
y que en ella se mira como si llevara
puesta unas lentes empañadas.
Miles de candelas multicolores conjuran
la larga y oscura noche del solsticio
que, persiguiendo una lejana estrella,
convoca a todos en círculo fraterno
en torno al abeto de Navidad.
Un coro de voces infantiles

con zambombas y panderos
en las manos aguarda,
impaciente, a las puertas vecinas
con festiva algarabía
un pequeño aguinaldo,
mientras un alegre grupo
de chavales coloca
una raída bufanda
y una simulada pipa
a un muñeco de hielo.
En el fuego del hogar crepitan
en las ascuas las nostalgias
de un calendario pleno de gracias,
en tanto que las desgracias
se desvanecen entre los sinuosos
pliegues del humo que se escapa
por la opaca chimenea.
Una roja y exultante flor de Pascua
preside desde lo alto de la mesa
el estandarte de la esperanza.
El jardín de mi recreo

EL JARDÍN DE MI RECREO

ALAS

¿Cómo son las alas de un ángel?
¿Son como valles de blanco algodón
o quizás vaporosas como las nubes?
¿Son plateadas como enaguas de luna
o quizás doradas como rayos de sol?
¿Son violáceas como campos de espliego
o quizás perfumadas como pétalos de flor?
¿Cómo son las alas de un gorrión?
Son íntimas como una temprana emoción.
Son sinceras como el desvelo de una madre.
Son humildes como la hoja de un sauce.
Las alas de un gorrión son pequeñas
como la necesaria luz de una modesta candela.
¿Cómo son las alas del amor?
Son cálidas como los besos de la tarde,
etéreas como la caricia de la brisa,
misteriosas como una calada celosía,
generosas como el poeta que
con sus versos regala amaneceres.
Las alas del amor son un valioso pergamino
que lleva insertos nuestros nombres.

AMOR, ESCUCHA

Amor, escucha mi corazón clamar
tu nombre en todas las aristas
de la ciudad y en todas las plazas,
aceras y adarves.
¿No ves que aún no te he olvidado?
Estás en cada paso que doy
y en cada gota de lluvia que cae.
Estás en el aire que respiro
y en la rosa que nace.
Estás en la alondra que pasa
y en la luna que me mira apenada.
Estás en la escarcha que cubre
mi cama desde tu definitiva marcha.
No puedo escuchar nuestra canción
sin escalofrío, porque estás en cada nota
que repite en su curso el río.
Estás cada mañana en el cristal del rocío
y en el manto de hierba clara
que tapiza el prado de seda pura.
Estás en el banco que escuchaba
la melodía de tus labios de fresa alada.
Estás en la amapola que te vestía de gala
y en la mariposa de plata adornada.

Amor, escucha mi corazón llorar
en la soledad de mi alcoba de nata
cada tarde cuando el sol se acaba
y se llena de sombras el hogar

que tus ojos inundaban de luz y paz,
porque estás en cada hora
que marca el reloj de casa.
Estás en cada estancia de mi alma
donde los espejos retienen tu mirada
y el pincel de mi esperanza
dibuja tu aura en los muros
de todas las salas.

Amor, escucha mi corazón llamar
al pasajero que aguarda
en la estación de la calma
para preguntarle si te ha visto
asomada a la ventana
de mi angustiosa alborada.

AZUCENAS

Pura como una vestal
prendiendo ante el altar del hogar
la casta llama de la felicidad,
así es la primorosa azucena.

Blanca como la luna llena
asomada al balcón de la noche
para derramar pétalos de plata
sobre las rubias cabezas
de los jóvenes amantes,
así es la prístina azucena.

Elegante como el cisne de algodón
que surca orgulloso las tranquilas
aguas de un lago azul,
así es la candorosa azucena.

Dulce como la dorada miel
del panal donde una centuria
de abejas elabora el divino néctar
que destilan mil flores,
así es la delicada azucena.

Vestida como una reina
con un manto de nieve,
una estola de armiño
y una corona de perlas,
así es la áulica azucena.

Perfumada como la suave brisa
del prado que en sus ondas lleva
la esencia del romero y la hierbabuena,
del espliego, del tomillo y la violeta,
así es la bella azucena.

Es la humilde azucena
la primera que en mayo
se postra ante los lindos pies
de la reina de los ángeles
y, como Magdalena a Cristo,
unge sus plantas con el óleo
de su penetrante aroma.

AZUL

Azul como tu cuello de cisne
apoyado en el dintel
ebúrneo de un ala
de golondrina galana
que se pasea por el balcón
de una eterna primavera.

Azul como tu pupila luminosa,
pasajera de honor de la nave
de Venus, que ondea
sobre las crestas de espuma
de un celoso y errático océano.
Azul como tu cálido vientre
labrado en la colina del placer
a lomos de un blanco corcel
que galopa sin bridas y sin arnés.

Azul como tu dulce boca
elaborada en el panal
de los sueños blancos
donde las abejas evocan
cada rojo atardecer
vestidos de camelias
y tacones de amapolas.

Azul como tu cuerpo aderezado,
lienzo nacarino donde el sol

pinta con pinceles dorados
la magia de mi cuidado.

Azul como el rizo que besa tu frente
en el surco de blanda nieve
que dibuja con su dedo la luna
bajo tu cabello de trigo maduro
en el umbral de la noche silente.

Azul como la brisa
que recrea tu figura.
Azul como la lluvia
que te perfuma.
Azul como el rayo
que ilumina tu cara.
Azul como azul
es el sentimiento
que te aguarda
en mi retirada estancia.

BAJO LAS SÁBANAS

Bajo las sábanas el gusano ciego
devora en el silencio de la noche
la fría soledad de la almohada
y el febril sueño de la madrugada.
Se oculta entre el musgo confortable
que recubre como un glauco tapiz
el duro vientre, y aguarda impaciente
la oscura señal del amo que lo alienta
a salir de su cómoda morada.
Cuando la luna posa su mano de plata
sobre su húmeda piel de naranja
y acaricia con sus dedos de escarcha
su tibia cabeza y su generosa espalda,
despierta gozoso y asciende veloz
por el nervudo tallo que conduce
hasta la perfumada plaza
que corona tan delicada planta,
donde confluyen el jazmín y la dalia,
el almíbar, la leche y la miel.
Cuando la luna sacia su impúdica sed
en la edénica fuente de la sagrada cumbre
retorna a su etéreo santuario
en el ardor de la nebulosa alborada
bajo las sábanas,
en tanto que el ciego gusano
se vuelve a ocultar entre las rocas ovales
que, como leales edecanes, protegen
la entrada de su apacible estancia.

BARCO DE VELA

Sobre el mar turquesa
un barco de vela
lleva en el mástil mi pena
y en la cubierta mi ceguera.
Mi pena por no tenerte,
porque te escapas de entre mis dedos
como las olas que surca el velero.
Mi pena por no poder tocar
tus labios de terciopelo
que adornan con amapolas
tus dientes de espuma y nácar.
Mi pena por no besar
tus ojos de azul océano
cuando lo consienten
tus párpados de celosía agarena.
Mi pena por no beber
en la fuente de tu lengua
ni explorar la manigua
de tu vientre de arena.
En el mástil va mi pena
enarbolada como pirata bandera
en un mar de coral encendido.
En la cubierta tropieza mi ceguera.
Mi ceguera que no advierte
ni el sol ni las estrellas
porque vivo perdido entre la niebla.
Mi ceguera que no advierte
que la luna riela cintas de plata

en el agua oscura de la noche cerrada.
Mi ceguera que no divisa
el oasis de seda
donde conviven
la paloma y el león,
el espino y la flor,
la palmera y el gorrión.
Mi ceguera que se hunde
en lo profundo
si no me aferro a la tabla
de salvación de tu mirada.

Sobre el mar turquesa
navega un barco de vela
que lleva en el mástil
tu nombre cual señera
y en la cubierta la esperanza
de encontrarte en una isla esmeralda
donde estemos solos tú y yo
y el amor con alas de verde pasión.

CAE LA NOCHE

Cuando las mariposas baten sus alas
en el ojo de una horquilla,
cae la noche
en la boca cerrada de las hormigas.
Cuando el corazón helado
de una marioneta rota
despierta de su letargo
en el desván de la memoria,
cae la noche
sobre el dorado marco
de los insomnes retratos.
Cuando las horas muertas
de un reloj de arena
se acumulan en el tronco acre
de una virginal morera,
cae la noche
sobre la blanda cuna
de una cándida azucena.
Cuando el brocal de un pozo
añora la dulce caricia
de la blanca luna
en el húmedo cristal
de su oscura sima,
cae la noche
sobre los verdes labios
donde se besan
las ardientes amapolas.
Cuando el sagrado palio

de las grises nubes santifica
con su óleo las aristas
de los altos andamios del destino,
cae la noche
sobre unos ojos cansados
de mirar al cielo tantas madrugadas.

CAOS

Al atardecer se rompen los abrazos
en el malecón de los adioses
y las gaviotas lavan su plumaje
en el azul cobalto.
A lo lejos, en la arena,
un niño de sal y especias
revela a la niña que lleva dentro
del corazón sin espuelas,
y coloca una caracola en el centro
de su abultada esfera
esperando la llegada
de una ardiente primavera.
Los viandantes tropiezan en las aceras
del paseo, ciegos de sangre ajena,
que mana de sus ojos yertos
que no aciertan a caminar despiertos
ni a coger las manos de las violetas.
Sobre un anuncio luminoso
una paloma vigila el horizonte
de donde la brisa trae lluvia y hambre
a las colmenas de arcanos fumadores,
en tanto que perdidos amadores
recitan versos de harina
en la intimidad de los salones.
La paloma emprende el vuelo
hacia el ocaso cuando la niña
retoza en la cama con el milano
y la serpiente encuentra su regazo.

En este tumultuoso caos tan sólo la luna
se atreve a abandonar su blanco escaño,
y vestida de luto con su collar de llanto,
se acerca a la tierra con firme paso
para unir los rotos abrazos,
coronar de coral al niño de sal,
devolver la vista a los ciegos viandantes,
inspirar a los jóvenes amantes
y salvar a la niña de las garras del milano.

CARTAS

Escribo cartas al paraíso
que no hallan respuesta escrita.
El destinatario se oculta
en la esmeralda manigua
donde la sierpe abraza
con lianas de seda
y el león bebe
junto a la gacela.
Desde su apacible morada
observa enamorado
la dalia galante,
la magnolia perfumada
y la rosa brillante,
y no se atreve a bañarse
en la clara corriente
que en cascada deviene
donde juegan y saltan
ranas y peces,
que cortejan en el ocaso
a la plateada dama
que se mira en sus aguas.
En la misiva que le lleva
un dulce gorrión en su pico
le cuento la mentira
del mundo en que habito:
envidia, soberbia, malicia,
odio, guerra, estulticia,
pobreza, injusticia, codicia.

Si los ángeles en su sueño
me dieron un cofre con espejo
que contenía un edén completo,
¿por qué me lo arrebatan
sin acuerdo y me abandonan
al triste erial de mi destino?
Aunque solo, errante y afligido
me pierdo en el gemelo laberinto
de este lugar con el otro confundido,
sigo escribiendo cartas al paraíso
que no hallan respuesta de continuo.

CELOS DEL VIENTO

El viento atrevido corona tu frente
con rizos de bruma y escarcha de sol,
y me muero de celos
cuando sus rendidos dedos
acarician tu rostro de perla y miel.

No mires con tus verdes ojos
la huella que dejan sus pies
en su huida hacia el santuario
donde sueña con su lluvia de oro
penetrar en cada poro de tu piel.
Cierra tu boca de luna roja
no sea que la daga de su cintura
derrame en gotas dentro de tu rosa
nubes de rocío almibarado.
Aparta el olfato de su vientre blando
no sea que el dulce aroma
de sus blancas ingles
llene tus despiertos sentidos
de delicioso almizcle
y te pierdas errante entre sus brazos.
Dibuja una cárcel en el cielo
con barrotes de cera y trueno
donde preso de su propia melodía
en ronco son permanezca eterno.

No quiero que nadie te desee,
abrace, acaricie o bese,

ni el viento, ni la mar ni la serpiente,
ni la lluvia, ni la flor ni la corriente,
porque sólo yo quiero tenerte.

CENIZAS A LAS CENIZAS

En la papelera de la Historia
se dan la mano las risas y los llantos,
los saludos y los abrazos.
Entre sus redes, como en oscura celda,
están presos los atardeceres,
los adioses y los poemas,
las tristezas y los placeres.
Y en una nube de algodón menta
a merendar juntas se sientan
la música y la lírica,
la física y la política,
la cordura y la guerra.
Y entre taza y pastas
se desangran con sus armas
hasta que la dama de coraza
clava la espada de la locura
en el pecho desnudo
del último verso e inaugura
la era de la tortura, de la mentira
y de la perpetua tiranía.
A la papelera de la Historia
van los recuerdos, los consejos
de los sabios y la cítara
del juglar. Se mezclan en el fondo
con la tinta espesa de las sombras
y, atrapados en la telaraña
del odio, se ahogan en un mar
de turbios pensamientos

y de falsos sentimientos.
Como un coloso de negro alquitrán
emerge del fondo de la papelera
de la Historia una pira gigante
que devora, como Saturno a sus hijos,
las verdaderas noticias
entre sus llamas crepitantes,
y devuelve las cenizas
de los hijos de los hombres
a las inertes y humeantes cenizas
de la Historia.

CERTEZAS

¿Dónde irán mis libros y mis discos
cuando yo me haya ido?
¿Dónde mis besos, mis abrazos
y mis palabras?
¿Dónde irán mis angustias
y mis miedos?
¿Dónde mis risas, mis llantos
y mis cantos?
¿Dónde irán mis pensamientos,
mis escritos y poemas?
¿Acaso alguien habrá que me recuerde?
¿Alguien que me lea y se emocione?
¿Alguien que comparta mi destino?
¿Alguien que supere el desatino
de ser sin ser soñado?
¿Alguien que me viva y por quien viva
en la eterna ruleta
de un cosmos inabarcable?

CINCO SENTIDOS

La capacidad de una mano
para acariciar el perfil de un labio
reflejado en tu corazón de cristal.
La soberbia de unos ojos desnudos
que retan al nardo a penetrar
en su laguna de espejo para ahogarlo
en la espuma de tu llanto.
El silencio del oído ciego
que despierta ante la sinfonía de trinos
de una manigua esmeralda situada
en la cima de tu surtidor de plata.
El sonido de una brisa de menta
que aspira la nariz helada
en la aurora azulada
que se derrama en cascada
por los panales de tu pecho,
y la frescura de una lengua
que teje lianas de blanco rocío
entre la piedra blanda
de una rosada caverna
para llegar al almíbar
de tu fuente de estío.
No sobra ningún sentido
para gozar en el oasis de tu cuerpo
ni para descubrir el tesoro oculto
de tu dulce centro.

COMUNIÓN DE AMOR

Tus ojos verde lago se miran
en mis pupilas como espejo
de mar que te devuelve
en lecho de algas
al tálamo nupcial donde esperamos
abrazados en comunión de amor
la llegada del nuevo día.
Nuestros dedos se hunden
en la manigua sedosa
de nuestras oscuras ingles
y exploran con sumo esmero
las moradas de aquellos seres
innombrables que la habitan
por temor a despertarlos
de su letargo de ensueño,
mientras nuestros cuerpos
como troncos a la deriva
rescatados de las fauces
de un naufragio de sangre
se acercan en lenta procesión
hasta fundir sus vientres de cera,
que en blanca harina se deshacen
sobre las sábanas de holanda
que cubren el florido lecho
donde las carnes blandas
se maceran en lenta agonía
ante el sublime placer que genera
tan dulce potro de tortura.

La unión se vuelve simétrica
cuando nuestras lenguas de seda
buscan entre los labios de fruta
la fuente de miel sagrada
que mana de nuestras bocas
y beben con avidez de horas
para saciar en ella su sed de rosas.
Y tras la incruenta batalla
como soldado abatido
después de un colosal esfuerzo
busco el pecho amigo
donde reposar mi fatiga
y repostar la nueva energía
que me ofrece la mañana
cuando el sol se cuela
por la ventana de tus pestañas
e ilumina con luz de llama
la esmeralda de tus ojos.

CONMIGO... CONTIGO

Te he enseñado
el baile de los pájaros,
el canto de las olas,
el silbo del viento
y el lenguaje de las flores.
Conmigo has aprendido
a caminar sobre las ondas,
a pasear entre la nubes,
a cabalgar por los sentidos
y a explorar los sentimientos.
Contigo me he acostumbrado
a mecer tu pelo como cereal maduro,
a surcar tu cuerpo como labriego nuevo,
a navegar tu vientre como marino experto
y a beber la fuente de tus labios
como peregrino sediento.
Sin ti me pierdo
en la manigua de mi noche
y en el desierto de mi ceguera.
Sin ti me abraso
en la hoguera de mi infierno
y en la sima de mi deseo.
Sin ti tropiezo
en las aceras y en los pasos,
en los silencios y en los abrazos.

CORAZÓN HERIDO

Escuché pronunciar mi nombre
tras la puerta espesa
y acudí a ella como el trovador
sube la escala ligera
que le acerca a su divino amor,
la abrí despacio para degustar
en un segundo el edén eterno
que me ofrecía el oscuro madero
en el envés de su hoja bruna.
En el rellano de la torpe escalera
una tenue luz macilenta asistía silente
a una procesión de insectos
que detuvieron su marcha lenta
ante mi presencia injusta e incierta
y que con ojos incrédulos
rompía la cadena de vida
que con paso firme
marcaba una reina.
Con pulso febril me asomé
a la ventana estrecha
para comprobar si la voz
había salido de una boca encendida
y tierna donde un labio
es de fresa y un diente es de perla,
pero en el patio vacío
sólo se movían las ramas
de un olmo viejo
que habían perdido

su verde equipaje
entre las ondas lascivas
de un gélido viento.
El corazón herido
entiende bien el lamento
que un gorrión emite
en una fría tarde de invierno
cuando el desapacible cierzo
eriza sus plumas agrias
y deja su nido yermo.
El corazón herido
acompasa bien el lamento
de una golondrina
que abandona la morada
que durante el estío
le sirvió de hogar
para criar a su nidada.
Pero no hay corazón
tan herido como el mío
que de tanto esperar la madrugada
mi alcoba se ha hecho gruta
y roca mi cama.
Ya no me visita la luna de escarcha
ni tu retrato esmeralda me habla,
ya no me canta la calandria
ni me viste de raso tu mirada.
Sólo mi herido corazón espera
que algún día tu mano santa
lo redima de esta dolorosa espina
que tan hondo se clava.

CRONOS

Transcurre el tiempo
de manera inexorable
en la superficie de la tierra.
Las hojas caen otoño
tras otoño al suelo,
y una multitud de pasos
reducen a polvo sus rostros.
Los amores despiertan primavera
tras primavera en los corazones,
y duermen en el desván
de la memoria de las vidas rotas.
Las ramas se llenan verano
tras verano de trinos,
y enmudecen al ocaso
cuando palidecen sus nidos.
La esperanza se desvanece invierno
tras invierno entre los copos de nieve,
y arranca de los labios
el mudo grito de la soledad.
No mires tu boca
herida por la hiedra.
No busques tus besos
prendidos en el rosal.
No acaricies tu piel
surcada por la edad.
No temas el curso de los días
en su frágil devaneo.
No llores porque el filo de una espada
sujeta el áncora de tu alma.

Transcurre el tiempo
de manera inexorable
en el interior de la tierra.
Los ojos pierden día
tras día el brillo de su mirada,
y languidecen en cuencas vacías
donde moran las arañas.
Los labios callan mes
tras mes aladas palabras,
y alimentan en su silencio
el crecimiento pausado de una larva.
Las nacaradas perlas, que a una sonrisa
se asomaban por el balcón de la constancia,
consiguen olvidar año
tras año el destello de su victoria
e invitan a los gusanos
a deambular por sus desiertas defensas.
Las manos descuidan lustro
tras lustro los jardines de la elegancia
y entregan sus dones.
No esperes que el reloj se detenga.
No sueñes con retornos ideales.
El tiempo destruye
de manera inexorable
las coronas y los lares.

CUANDO ESTÁS TÚ

La roca se viste de blanco
y el camino se torna de raso
cuando estás tú.
Cuando estás tú
un petirrojo viene
a visitarme a la ventana,
la hiedra teje su manto esmeralda
en el muro de mi esperanza
y las azucenas alfombran mi casa.
Sólo cuando estás tú
las margaritas enmudecen al alba
y las vetustas encinas callan,
los gorriones se sientan a mi mesa
y la mimosa me mira tierna.
Sólo cuando estás tú
se encienden
todas las luces de mi alma
y los latidos de mi corazón
suenan a tonada de campanas.
El aire se perfuma de albahaca
cuando mis labios pronuncian
tu nombre de apreciada perla
y el campo se viste de fasto
cuando recibe tu manto escarlata.
Sólo cuando estás tú
no necesito manjares,
ni vestidos ni riquezas
porque tú sacias mi hambre,

me vistes con tu presencia
y eres mi tesoro aquí en la tierra.
No necesito palabras,
ni cartas ni equipaje
porque tú eres mi oración,
mi verso y mi viaje.
Sólo cuando estás tú
pinto con oro el cielo
de tu paisaje.

EL ARPA Y EL MIRLO

Las cuerdas del arpa
enredan las alas de un mirlo
y tocan insomnes acordes
de una brisa fugaz peregrina
en una sala de luz vertida.
Una mano inocente de seda
arranca del arpa notas alegres
para un sagrado motete
entre las alas del ave
que con su canto se atreve
a competir en armonía y llanto
con tan melodioso instrumento.
Una dorada lluvia de sones
inunda de sol la estancia
donde mirlo y arpa componen,
cada cual de forma más alta,
una bella sinfonía
de pétalos y de colores.
En un rincón de mi alma
llevo a fuego grabada
la soledad de mi casa
donde en otro tiempo
habitaba la calandria
y llamaba sin cesar el alba.
Desde que te fuiste al mar
en banco de blanca calesa
y te llevaste prendida a tu pelo
la suave pamela que bordó

el viento una tarde de otoño,
ya no canta más el arpa
y el mirlo se quedó huérfano,
solo y mudo en la rama,
aguardando tu regreso
una dudosa mañana.

EL PÁJARO DE NIEVE

Erijo un altar en tu nombre
y lo colmo de ofrendas
para que vuelvas.
Salgo a los montes y a las orillas,
salgo a las aguas y a las arenas,
salgo a los bosques y a las aceras
y vuelvo a casa sin tu presencia.
Dibujo tu silueta en las paredes
como el bisonte y el ciervo
en el techo de la cueva
para que vuelvas.
Para que vuelvas
beso sin consuelo la almohada
donde reposaba tu ebúrnea cabeza,
y recorro con mi mano
la sábana que te vestía
y la colcha que te adornaba.
De noche miro a las estrellas
y les rezo una plegaria
entre sagrada y profana
para que vuelvas.
Para que vuelvas
he llenado los jarrones
con lilas, nardos
y todas las flores
que cultivo para ti
en el jardín de mi deseo.
¡Cuántas noches

tumbado en mi cama
he soñado alegre
con el pájaro de nieve
que entre las rocas cuidabas
como una obra de arte
de las altas barandas
de tu divino vientre!
Y sigo buscando por los corales,
por los arroyos y las amapolas
el cuerpo que unos ojos
fijaron para siempre
en el eterno santuario
de mi alcoba.
Y clamo al sol, a la luna
y a los planetas
para que sigan tu estela
por calles, campos y senderos
y de la mano te traigan
al dulce lecho
de mi apenado pecho.

EL SANTUARIO DE LAS MARIPOSAS

El corazón de cristal late
entre las flores del almendro
que eleva sus blancas manos
al santuario de las mariposas
donde la dama de escarcha
recoge las hojas manchadas
con la sangre de mil amapolas.
Por el suelo dispersas
entre las baldosas de cera
y ámbar aparecen saetas
de pluma y agua
que sueñan con ojos de nácar
y labios de ardiente hielo,
con manos de nieve
y vientres de acero y cielo.
Hay un cisne negro atrapado
en el vértice de la ojiva
que sustenta el pilar del cuerpo
donde una oruga pone huevos
en la cálida herida de sus alas
para incubar como lava endurecida
la siguiente prole
de guijarros y gorriones.
Un festín de palmas de arena
se celebra en el centro del crucero
al que asisten desordenadas ramas
de olivo y de cerezo,
de castaño, de pino y de romero,

y en mitad de la mesa
una fuente, cual mástil enhiesto,
rezuma en constante manadero
nata de miel y crema.
Los comensales de oro y grana
aderezados se sirven manjares
de aire y fuego enjaulados
en amplias vasijas de luna
que titilan como lámparas de perlas
en un vasto manto
de lágrimas y de reinas.
Y en el presbiterio
una airosa garza se pasea
entre acólitos turiferarios
vestidos de incienso,
tomillo y espliego que deshojan
desde los ángulos más intensos
pétalos de rosa y azalea
en lluvia copiosa y densa
ante el altar de las mariposas.

EL SANTUARIO DE TU CUERPO

No hay santuario más sagrado
que tu boca,
donde nuestras lenguas salaces
se unen en comunión sabrosa
creando un edén pagano,
cuyas puertas suntuosas
son nuestros labios mojados.
No hay palacio más fastuoso
que tus ojos,
donde dos esmeraldas regias
surcan en barca de nieve
dos lagos de blanco cisne
y cobijan diez edecanes de bruma
y diez atlantes de dulce espuma.
No hay paisaje más bello
que tu mirada,
donde una golondrina anida
cada primavera y un mirlo
canta cada madrugada
mientras yo, agareno cautivo,
abrazo el remo que me ata
a la galera del resplandor divino
de tus hermosas pupilas.
No hay estancia más grata
que tu cuerpo,
donde velan las gardenias el rincón
que en inocente ramo de amor
despiertan al ángel del deseo,

que bate sus alas encendidas
en torno a tu carnal capilla
donde rindo con fervor mis rodillas
para adorar las colinas y mesetas
que adornan el oloroso lirio
de tu celeste centro.

EN EL ACRE VÉRTICE

En el acre vértice
de la silenciosa agonía
la soledad sonora
de arena blanca
llora el llanto
de las espigas altas
vertiendo lágrimas
de cristal tan claras que reflejan
como en un sereno lago
de ensueño el cielo azul
de tus ojos felinos.
En el palacio de nardos
de la luna sola
un gran espejo
de espuma de amapola
se viste de gala
con el vestido de nata
y jazmín que le regaló
tu mano de nácar
y anís una tarde hermosa
de solsticio de invierno.
En el balancín de las horas
de una sellada redoma
con el lacre de la pasión
se mecen estrellas fugaces
y cometas de larga cola
que cantan amorosos romances
en tus oídos de fino alcance

al circundar su órbita.
En el jardín de las flores
la dalia más coqueta
y el jacinto más discreto
disponen una amplia mesa
para cientos de comensales
entre rosas y violetas,
margaritas, azucenas,
hortensias y azaleas,
lirios, tulipanes y lilas,
orquídeas y pensamientos
que contemplan en el centro
entre los más sabrosos manjares
la roja fresa de tus labios de fuego intenso.
En el umbral de la duda se agolpan
cada mañana las ilusiones perdidas
y los pasos inciertos, por temor
a ser tratado como un corcel desnudo
de bridas y ataláje en mitad de un desierto
de oleaje donde los amantes
son romeros sin esperanza ni equipaje.

EN LA HABITACIÓN

Sobre la mesa gardenias,
dos o tres retratos
y un reloj de arena.
En la ventana
visillos de plata
y un canario en su jaula
que canta cada mañana.
En el rincón una lámpara
que ilumina el sillón,
trono de amor de mi amor,
adornado con almohadas
de seda y paños de fino algodón.
Mesa, ventana y sillón
son testigos de honor
de caricias y besos
entre labios y dedos
que sellan amapolas de sangre
y tocan trocitos de cielo,
y contemplan con devoción
cómo deshojo las estaciones
de tu cuerpo de calendario
que sin pudor muestra sus meses
desnudando uno a uno sus días,
y cómo surco las ondas de tu piel
en carrera de tiempo sin fatiga
desde el sol que cubre tus cabellos
hasta el nemoroso monte de la delicia.

EN LA MADRUGADA

En la madrugada
suena más fuerte
el eco de tu dulce voz,
depositada en el libro
donde guardo con celo
los pétalos de rosa y los lirios
que coseché para ti
en el primer verano.

En la madrugada
surge con más fuerza
el aura de tu figura,
grabada con el cincel
de mis sueños en el bronce
de la memoria
donde tu rostro resplandece
cual joya cautiva
y tu cuerpo brilla
como luminoso arco iris.

En la madrugada
son más apetitosos
tus besos de miel y menta,
vestidos con alas de violeta
en el tierno santuario
de tus labios de fresa
donde funde la nieve de mis días
y reposa la fatiga de mis noches.

En la madrugada
se despliega con toda su belleza
el nacarado abanico de tus pupilas,
que ventea plumas de colores
como cola de pavo real
en el aire perfumado que respiro
alimentando mis pulmones
con sangre de amapolas
por el suave aleteo de tus pestañas.

Es en cada madrugada
cuando mi verso canoro
te engalana de seda y oro
y te reza una amorosa plegaria
para que sanes este débil corazón
que no sabe latir acompasado
si no percibe tu aroma
de lila y nardo.

Es en cada madrugada
cuando te recuerdo
nadando en un mar de azahar
y libando cual mariposa bella
del rocío de mi boca sedienta.

Es en cada madrugada
cuando pido a los dioses
que te liberen de su Olimpo
y te permitan regresar
a esta dormida tierra
donde se halla mi alma presa
y donde mis brazos,
cual delicada y cierta liana,
han trenzado para ti
una apasionada cama
donde se me permita

gozar del ángel de tu sonrisa
y de la gracia de tu cálida mirada
al despertar cada mañana.

EN MI VENTANA

En mi ventana
se detiene la noche,
y me mira sultana
con ojos de negro azabache,
y me canta una nana
de estrellas fugaces.
En mi ventana
se posa un pequeño gorrión
al despertar el alba,
y me mira aturdido
con ojos de sincero amante.

Desde mi ventana
contemplo la flor
que tímida asoma
entre las ocres barandas
de una vetusta mansión.
Desde mi ventana
contemplo la mano blanca,
que sostiene un leve abanico
de plumas en el banco de la plaza
a la sombra amena de los tilos.

A mi ventana
acuden las voces alegres
de los niños, que juegan
a elevar castillos en la arena
y a llevar en sus manos
quiméricas candelas.

Por mi ventana
en el ocaso
se cuela el sol tras los cristales
vestido con pijama de raso
y zapatillas de plata.
Por mi ventana
pasa tu boca de miel
sin acercarse a mis labios
en romero itinerario
hacia ocultas celosías,
para que mi lengua de hiel
no alcance a saciar
en sus lúbricas aguas
mi ardiente sed de poesía.

EN MIS NOCHES

Llevo tiempo esperando
en mi ventana la llegada
de un embajador de alas
que me traiga prendido
en su plumaje el prado
fértil de tu mirada.

En mis largas noches de insomnio
recreo la silueta de tu soberbia
arquitectura en el techo de la habitación
donde en tantas ocasiones alimentamos
el grato fuego del amor
como niño que anhela el mar,
pero, cuando llega la mañana
y el sol penetra en los espacios rotos
y se lleva las sombras heladas del alma,
me hiere como un dardo de plata
la arista aguda de tu larga ausencia.

Y mientras tanto cultivo
en el jardín de la esperanza
la suave dalia de tu cuerpo de espuma,
el rojo clavel de tus labios de llama,
la rosa perfumada de tu lengua de seda,
la genista dorada de tu pelo de trigo,
la hierba nueva de tus ojos de menta
y el cárdeno lirio de tu centro de luna
con el ferviente deseo de conjurar

a las estrellas en el oráculo
de nuestro lecho de azucenas
para que sin demora vuelvas,
para que regreses junto a mi pecho,
para que enlaces mi cintura
como hace la generosa hiedra.

EN TUS OJOS

Es en tus ojos
donde me miro,
en tus ojos es
donde encuentro
el paraíso.
Es en tus ojos
donde me escondo,
en tus ojos es
donde despierto
cada amanecer.
Es en tu boca
donde me alimento,
en tu boca es
donde bebo la miel
de mil panales.

Es en tu boca
donde recuerdo,
en tu boca es
donde saboreo
la pulpa de un beso.

Es en tu cuerpo
donde me curo
de las múltiples heridas
de mis incruentas batallas,
en tu cuerpo es
donde me pierdo

enredado en
las dulces lianas
de tu exuberante fronda
y prendido a las sublimes cumbres
de tu sensual orografía.

ESCRITURA

La inmaculada hoja de papel
se sumerge en la profundidad del vacío
que comunica su muda boca congelada,
hasta que en su margen derecho
una mano invisible,
asida a una pluma dormida,
tira de las riendas azules
para despertar los corceles de la ortografía.

Cuando en la comisura de sus labios sienten
la presión vigorosa de los sintagmas,
inician un lento trote
hacia una meta imaginaria
avanzando después al galope
por la blanca llanura
que sólo el diestro auriga conoce.
A medida que traspasan en su veloz carrera
cuartillas de dulce almidón,
dejan estelas de reinos y estancias,
de jardines secretos y cuevas milenarias,
de castillos, aldeas e historias de amor.

Y al doblar la postrera curva
de ese hipódromo irreal,
el carro triunfal del lenguaje
derrama por las tumbadas arenas
de las virginales páginas
la magia de los epítetos y de los nombres,

de los adverbios y de las preposiciones,
de los participios y de las conjunciones
en proverbial competencia
con el cálamo que rubrica en la llegada
el elegante blasón de las palabras.

FIESTA DEL AMOR

La luna se pinta los labios
de amarillo limón
y los ojos de mandarina
para asistir a la fiesta del amor.
Una nube de azúcar glass
le sirve de estola
y el manto azabache de la noche
cubre su pecho de nácar.
Adorna su cuello de escarcha
con un collar de estrellas malvas
y sus orejas brillan sultanas
con pendientes de lágrimas.
Calza botines de plata
y cubre sus largas piernas
con caladas medias de rojo pasión.

En el jardín de Eros
la esperan aventajados amantes
vestidos con rayos de sol
y piel desnuda de jade.
Se entregan a un juego de azar
donde caricias, abrazos y besos
recorren sus cuerpos entrelazados,
cual lianas de selva esmeralda,
para componer un lienzo azul
de miembros surgidos
de un naufragio carnal.
Dedos, lenguas y bocas

en babel humana mudadas
exploran valles, grutas, montañas,
pilares, columnas, velas y navas,
mientras la luna curiosa
acaricia rostros y manos,
abraza espaldas y brazos
y besa vientres y nalgas
en una lasciva feria
de sentidos abiertos
y órganos de arena.

Y en esa orgía rosada
de aureolas que irisan cabezas
derrama la nocturna dama
su leche materna sobre las piernas
de los avezados amadores,
que, en contacto con ella,
rezuman miel por sus panales
y riegan con blanca harina
sus elevados y erizados surtidores.

GORRIONES

¿Acaso los gorriones cuando mueren
se ocultan para evitarnos la pena?
Su humilde plumaje, manto de arena,
los cielos que les aman les confieren
y en trono de nubes los prefieren
a otros que ufanos entre la avena
los miran con insolencia tan llena
de desprecio que con saña los hieren.
Yo les brindo mi casa por morada,
así les doy mi pan por alimento
y así mi mano por almohada.
Y ellos con su voz llenan de contento
mi tarde, mi noche y mi alborada
y me otorgan la gloria de un momento.

HE SALIDO A VER EL MAR

He salido a ver el mar
y he encontrado un cristal
que reproduce en su rostro
el rostro de mil amaneceres
y cada uno de los mil
me acompaña para siempre,
porque en cada uno de ellos
navega la luna
que fue testigo y juglar
de nuestros dulces encuentros
bajo el almendro de nieve;
en cada uno de ellos se viste
la noche con su manto
de terciopelo negro
cuajado de estrellas
que emboza la fiebre
de nuestros surtidores de cera;
en cada uno de ellos planea
la golondrina que coronaba
nuestras sienes con ramas de olivo
en el lúbrico altar
de nuestra verde cama.

No necesito más luz
que la luz que irradian
tus pupilas de hierba temprana.
Tu mirada es el faro que guía
mi barca hasta tu ensenada

y sólo, cuando está en el refugio
de tus sedosas pestañas,
es cuando descansa
mi pobre alma atormentada,
única tripulación que se aferra
al timón de tu ansiado cuerpo.

He salido a ver el mar
y he encontrado en la arena
rota la caracola con la que te llamaba
y con la que escuchaba
nuestra canción de amor
coreada bajo el agua
por ninfas y delfines de algas,
mientras en la playa uníamos
como canela en rama nuestras bocas
y nuestras lenguas de escarcha.
He salido a ver el mar
y he llorado lágrimas de coral
al compás de su inmensa
y eterna soledad.

HOJAS DE OTOÑO

Las hojas caen de los árboles
en lluvia incesante de ocres y amarillos
tapizando el suelo
con una alfombra de algodón y lino
donde se dibujan
mis recuerdos y mi destino.
Las hojas del almendro
son las cuentas del rosario
de amor que pronuncio
cada noche en mi ventana.
Las hojas del lilo
son el color con que imagino tus ojos.
Las hojas del rosal
son la luz con la que brilla tu rostro.
Las hojas del celindo
son la alegría que imprime
tu dulce sonrisa.
Las hojas del laurel
son la corona que ciñe
tu cabeza de marfil y oro
que compite en rayos con el sol.
Las hojas del castaño
son la calidez de tus brazos
que rivalizan en ardor
con el fuego del hogar.
Las hojas del olivo
son el rocío que riega
la aurora de tu boca.

Las hojas del magnolio
son el perfume de tu vientre
que enreda los sentidos.
Las hojas de la morera
perfilan como el viento
el amplio jardín de tu pecho,
que recrea y enamora
desde el umbral de tu cuello
hasta la cancela de tu centro.
Las hojas del álamo
son el blando tálamo
testigo de las caricias
y de los besos con que cubro
tu divino cuerpo.
Todas las hojas del otoño
me inspiran una perfecta sinfonía,
aquélla que compone mi pluma
en el filo de mis dedos profanos
para rendirte un culto sagrado
ante la sublime belleza
de tu excelsa arquitectura.

LA ENCINA

Sola, como un velero en alta mar,
en medio de una sabana de trigo,
orgullosa y señera, místico testigo,
al aire enamora y a la tierra viste
de gala con su capa de verde olivo.

Generosa, como un corazón rendido,
abre al viento sus brazos
para acoger con maternal cuidado
las nidadas de gorrión en su regazo.

Acogedora, como un lecho de rosas,
presta al viajero su sombra
y al labriego reposo cuando sestea
tras una jornada ardorosa.

Libre, como una nube pasajera,
que no rinde cuentas al suelo
que es su celoso carcelero,
pues su potente cuello,
cual robusta escalera,
eleva su frondosa copa al cielo
en un intento sagrado
de unir lo divino con lo humano.

Noble y fiel, como roca firme,
que regala sus dones
y entrega su cuerpo y su alma

incluso a quien le vuelve la espalda,
como yo, que estoy de vuelo
de arista en arista herido
buscando tu perdida mirada
para regresar triste al hogar
que cobija nuestro lecho,
y seguir aguardando tu llegada
apoyado en la baranda
del vano consuelo.

LA NOCHE

Languidece la tarde
y el sol se oculta
tras los jazmines del aire.
El camino de ocre y oro
se torna de cera y plata
y los pájaros regresan a sus nidos
guardando en su pecho
sus alegres trinos.
Un gato garduño saluda a la luna
desde la triste azotea
donde oculta sus penas,
mientras el oscuro cielo
se va cuajando de estrellas.
El desnudo viento baja de la sierra
llamando a puertas y balcones
aguardando la blanca mano
que lo arrope.
El silencio se escucha en la calle
tras los cristales
cuando un anciano libro
cuenta su vieja historia perdida
en la intimidad de los salones.
Los niños duermen soñando
con coches, cohetes y gigantes,
en tanto que los mayores,
acariciando en silencio sus culpas,
interpretan el triste adagio
que el ajado arco de sus verdes almas

arranca a las dulces cuerdas
de una enigmática guitarra.

LA SOMBRA DE TU CUERPO

Un torbellino de negro alquitrán
asfixia el aire que respiran
palomas y cuervos en asociación
salvaje de campanas y torres.
Un huracán de grises cenizas
engulle en violenta espiral
gorriones y alondras
de aleros y árboles.
Una tormenta de polvo y arena
ciega los corazones rotos
de fantasmales amantes
que vagan en tinieblas
entre los bancos yertos
de los parques
y los rosales secos
de los jardines.
Una sombra cruza despacio
por las aceras y se dibuja
con luz de luna en las paredes,
donde se fija con lápiz de laca
esperando que llegue a su encuentro
para desaparecer como humo
en cuanto me acerco,
y corre y galopa sin montura
por las aristas de los edificios
hasta tocar con sus dedos
la diadema que corona
la frente de la nube solitaria,

que guarda en el bolsillo
de su vaporoso vestido
un carámbano de plata
que robó de noche
a la dama de blanco.
Cuando regresa a casa
de madrugada
me aguarda de espaldas
sobre la cama
mostrando sin pudor
la fuente de miel
que, entre rizos y bucles,
de su centro nace,
mas al aproximar mis labios
a ese surtidor de pan y vida
para saciar mi hambre
y calmar mi sed,
un torbellino envidioso
y un huracán codicioso
y una tormenta celosa
lo envuelven en cárdeno sudario
dejándome perdido de nuevo
en mi infinito y árido desierto.

LA VIEJA HERMANA

El tiempo peina sus canas
con púas de coral en la buhardilla,
donde un enlutado gato se bebe
las horas perdidas que duermen
en un arca de rancio algodón,
y el silencio juega a ser un monje
agustino que canta tristes letanías
de un pasado glorioso y perdido.

En el desván de la memoria
el tiempo se viste con las ropas
que duermen en el armario del alma
y se pasea con bata de cola,
salpicada de rojos lunares, y se calza
zapatos de lustroso charol
para engañar con su danza de siglos
a la vieja hermana, cuyo velado rostro
oculta sus inertes ojos y su sonrisa helada.

Sobre la mesa del anciano escritorio
reposa, lleno de polvo, el lápiz perdido,
la solitaria hoja blanca y vacía
que sueña con jardines, lagos y castillos,
el reloj que dejó abandonada
la arena que nutre su sencillo artificio
y el anillo que rompió en su borde
el sagrado compromiso.

En la calle cae la lluvia
que empapa las aceras
y limpia los paraguas
en acuosa melodía.
Tras los cristales empañados
las luces de las farolas
tamizan las gotas
en singular armonía,
mientras el tiempo peina sus canas
con púas de coral en la buhardilla.

LLAGAS

Cuando se encienden
las farolas de la ciudad,
se apagan las llagas del alma
que supuran durante el día
las penas de amor.

En los párpados cerrados
se enjugan con lágrimas
las imágenes que evocan
las cuitas engendradas
por las llagas de la piel.

La noche palpita
entre ángulos y esferas
por la oscura y solitaria vereda
donde se clavan como alfileres
las llagas de la mirada,
y en las manos vacías
de tantas madrugadas
en vela por un esperado retorno
se abren entre sollozos
las llagas del corazón.

LOS CORCELES DEL ALMA

No puedo dominar
los caballos salvajes
del alma.

Los rubios corceles del deseo
me llevan a paraísos terrenales
donde los ángeles pecan en silencio
y los diablos prenden sus acres cirios
ante el altar lascivo de la belleza.
En su galope de fresa
transpiran ríos de verbena
y espuma de nata,
y en el camino de vuelta a casa
montan guardia en la vereda
para ver pasar cinturas de enamorada,
torsos de atletas y senos de violeta,
cabellos de sol y vientres encendidos,
ojos de corinto y labios de albahaca.
Si tiro con brío de las riendas
elevan sus claveles carmesíes
hasta el cristal amargo de la luna
en un tumulto de alfileres rotos.
Si suelto confiado las riendas
despiertan sus dormidas
serpientes encrespadas
en pos de dalias y violines,
que inmolan en viscosa ofrenda
sus bocas a la sinuosa espada

que en la suave garganta del placer
convoca un celestial coro
de leche de almendra y miel.

Jamás pude domar
los caballos salvajes
del alma.

LUNA DE AGOSTO

Te cuelas por mi ventana
como el aire que respiro
y besas mi frente y mis ojos.
Con tus sedosas manos
enredas mi pelo entre tus dedos
y mides el mapa de mi pecho.
Tu clara sonrisa desciende
por mi vientre hasta rozar
con tus nacarados labios
el monte sagrado donde guardo
la preciada reliquia de mi santuario.
Te acercas a mi oído
para cantarme una nana de estío,
y luego con tus brazos
me acurrucas en tu seno
donde sueño con corceles de colores,
mientras dibujas en el techo
figuras de celestes pensamientos.
Ven, luna, que espero cada día
que llegue el crepúsculo blanco
de las largas horas en el horizonte
para que aparezcas vestida
con gasas de fuego y ejecutes
tu danza de siete velos
en el mágico escenario de mi alcoba,
mi enamorada luna roja de agosto.

LUNA

La luna descendió al lago
por una escala de plata
para ver en el espejo del agua
su rostro de azucena y nardo.

Se puso una falda de encaje
y un corpiño ajustado
que señala en rutilante camisa
sus blancos senos de escarcha.

En las ondas los elegantes cisnes
hunden sus ágiles patas,
ligeras como las horas,
y mecen sus largos cuellos
al compás de una sideral pavana.

La nocturna dama se adorna
con un nacarado collar de perlas
y sendos pendientes de estrellas.
Un diáfano velo de bruma
insinúa sus negros ojos de gitana
y sus sensuales labios agarenos.

Como una chiquilla inocente
disfruta de la casta melodía
que interpreta el callado viento
rielando su atractiva figura

sobre la lacustre frente
de varonil postura.

Y antes de que la aurora asome
por las costuras del cielo,
regresa por su escala de nuevo
a su alta torre argentina
donde, celosa, guarda las promesas
que los mundanos amadores ofrendan
en sus apasionadas noches de amor.

MÁGICO Y CARNAL MONUMENTO

Con toda nuestra noche a cuestas
ascendemos a la cima de la cama
entre caricias y besos
de un color anaranjado y plata
que dejan entre las sábanas
marcados nuestros cuerpos
en unión de bocas y pechos,
mientras la luna riela en el firmamento
con ojos de bruja gitana
y pendientes de blanco lamento
y nos canta una balada
acompañada de un coro de luceros.
Y la dama de raso
con su nívea corte
de perlas, camelias y nardos,
como todas las noches del año,
es mudo testigo diario
de la blanda lucha de silencios,
caracolas, eslabones y miembros
que acoge la curiosa habitación.
Y cuando despunta la aurora,
el tímido sol nos encuentra
abrazados en pagano sacramento
al borde de la dulzura
de un mágico y carnal monumento.

ME GUSTARÍA

Me gustaría acariciar todo tu cuerpo,
deteniéndome en los cálidos centros
innombrables
para sentir entre mis dedos
el pálpito de la vida.

Me gustaría enredar mis manos
en tu pelo y jugar
como juega con él el viento
del atardecer.
Me gustaría saborear tus labios,
fruta fresca de primavera,
y beber de tu boca el almíbar
que brota del manantial de tu lengua.

Me gustaría ser tu sueño
para penetrar en ti
sin pedir permiso,
y permanecer dentro
toda una eternidad.
Me gustaría ser tu pasión
y dejarme arrastrar hasta los jardines
donde tu arrebato me lleve.

Me gustaría que me mirases
con esos ojos,
que son dos espejos donde se reflejan
mis vacilaciones,

y que me hacen temblar de amor
cuando te miro.

Me gustaría poder decirte al oído,
silenciosamente,
casi en un susurro,
que te quiero.

MENTIRAS

Mentiras de algodón de azúcar,
mentiras de sabor a fresa,
mentiras de hilo de cometa,
mentiras de calesita de feria,
mentiras de amor materno,
mentiras de humo de incienso,
mentiras de juguete de desván,
mentiras como una cascada de dulces,
mentiras como una manigua esmeralda,
mentiras como un clan de campanas,
mentiras como la sonrisa del atardecer,
mentiras piadosas que duermen
un sueño infantil en el fondo del cofre
donde se guarda el tesoro de la inocencia.

De manto regio, mentiras.
De nubes negras, mentiras.
De charca cenagosa, mentiras.
De falsas caricias, mentiras.
De alas muertas, mentiras.
De labios lascivos, mentiras.
De nobles levitas, mentiras.
De arcanos misterios, mentiras.
De falsos amigos, mentiras.

Mentiras odiosas que colman
el cáliz de la esperanza
donde se oculta la sierpe
de la envidia y la ambición humana.

MI LUNA

Recibo cada noche
la visita de la luna
en mi adornada alcoba
con jazmines y con dalias
mientras espero con ardor
la llegada de mi ignorado amor.
Con su espejo de plata
ilumina la mesita
que custodia el sagrario
que guarda celoso el retrato,
al que en cada ocaso
rezo una plegaria
con la vana esperanza
de recibir una llamada.
Y ella es mi confidente
y me acompaña
hasta llegar la madrugada
y seca mis lágrimas
sobre la dura almohada
que aprieto con fuerza
con mis brazos
como caudal de miel
que se derrama
sobre el dulce pecho ardiente,
que imagino desarmado
entre mis lúbricos dedos.
Y recorro con mis labios
su frente, sus mejillas y su cuello
y con mi boca beso su boca de rosa

y apago en ella mi sed de amapola.
Envuelvo mi cuerpo
en la fría sábana
con la vaga ilusión
de que mude en cálido oasis
cuando sueño
con sus ojos y su vientre
que se funde en nieve
ante el dorado fuego
de mi hoguera.
Y cuando, fatigado y exhausto
por una quimera,
mis párpados al fin se cierran,
se marcha la luna
a su celeste aposento
no sin antes acariciar mi pelo
y arroparme en mi lecho
con el vestido de nardos
que traía puesto.

MINERAL AROMA

El corazón del ángel late
con ecos de esmeralda lasciva
sobre los hombros de un león dormido
en la cumbre de una brumosa colina.
Una nube pasajera rocía
su rostro de verde oliva
con una lluvia oleosa
de mineral aroma
que penetra en la espesa
soledad de su boca,
mientras el sol de mayo
enreda a un candoroso zagal
entre sus dorados rayos
y rompe sus labios de miel
con su ígnea espada.
Su sangre tiñe de púrpura
las perlas que va dejando
en su pausada marcha
hacia su húmeda morada,
y en el seno de sus amargas lágrimas
discurre con precisión matemática
el cronómetro de las horas yermas..
La incisión de su cárdeno vientre
supura un denso manantial de nata
que presto asciende por la elevada escalera
que conduce desde su oscura mazmorra
hasta la rosa claridad de su azotea,
y en un juego galante de atardeceres

la magia de su íntimo lago
reposa en el regazo de la pasión
hasta que un inocente y virginal retrato
despierte de nuevo al fiero león
que transita entre las sombras
de su viscosa y dulce manigua.

MIS ESTRELLAS

Mis estrellas no brillan
en el pecho del firmamento
cual cruces de acero
en el uniforme militar,
ni iluminan las amplias avenidas
por donde transitan los cometas,
ni interpretan el concierto orbital
que escuchan en sus palcos
los planetas.

Mis estrellas cortejan a la luna,
que en enaguas se asoma a los balcones,
donde cantan quedo los gorriones,
ocultos tras el velo de las nubes,
una graciosa y enigmática romanza.
Mis estrellas pasean con la noche,
asida tiernamente de la mano,
y en calesa de tímidos caballos
la conducen a su palacio de cristal.
Mis estrellas besan mis mejillas
cuando triste y abatido me encuentro
y rodean mi cuerpo con sus brazos
y acarician mi cabeza con sus dedos.
Mis estrellas me cuentan al oído
con la fuerza de un atlante divino
que no hay más redención ni confianza
que la que otorga el corazón rendido.

NANA DE LUNA

Quiero dormir en tus brazos de cuna
al arrullo de una nana de luna.

No soporto la gravedad de tu ausencia
perdida en el marasmo de la ciudad
donde los anuncios luminosos
borran tu rastro y las luces de neón
convierten tus verdes ojos
en mares de plata.
Camino sin rumbo por aceras y plazas
buscando una sombra que se oculta
tras las aristas agudas de las casas.
Miro dentro de las ventanas,
a pie de calle,
para encontrar tu mirada
y suplico a las pasajeras aves
que vigilen áticos y terrazas,
no vaya a ser que escapes
de madrugada
después de haberme
pasado la noche en vela
persiguiendo tu ansiada cintura.
Buceo en la bruma de las salas
y las tabernas
bebiendo el acíbar de las gargantas
sedientas de escarcha
siguiendo en ellas la fiebre
de tu carencia.

Rastreo en los espejos cada ocaso
los rostros de animales borrachos
que se cubren con máscaras
pintadas de asfalto
y visten mejillas de duro estaño.
Camino descalzo por las avenidas
sobre cristales de acero
sin importarme la dureza
del trayecto ni el hielo
del torcido suelo.
Y todo por encontrarte,
por tenerte entre mis brazos,
por reposar en tus abrazos
bajo la pálida luz de la luna
al arrullo de una florida
nana de seda.

NIEBLA

La niebla cae sobre las cruces
del cementerio como una cortina
de harina que cubre las lápidas
y moja los sentimientos.
Los ramilletes de flores,
rojas, blancas y cárdenas,
que irisan la gris estampa
del camposanto, se cuajan
de helado rocío de la mañana
en un fantasmagórico
festín de gotas de agua.
Allá, a lo lejos, una mano,
un abrigo, una bufanda, un rezo
entre los pliegues de la escarcha
y un evocador recuerdo
de los que yacen en tierra,
bajo la losa, yertos.

NO CREAS

No creas que, porque no te nombro,
te he olvidado.
Estás entre las rosas de mis dedos
y paseas cada noche
por la senda de mis sueños.
Apartas con tu risa las cortinas
de mi alma para contemplar
la luz que te viste.
Bebes en la fuente de mi jardín
y tus labios acarician
el agua fresca que mana de ella
en surtidor inagotable.
Entonas en el ocaso la melodía
que me hizo un día
seguir tus huellas
hasta la estrella polar
y que desde entonces
es mi norte y mi guía.

No creas que, porque no te tengo,
te he olvidado.
Abrazo tu cintura frente al espejo
estrechando con fuerza el holograma
de tu cuerpo que se fija en mis caderas
como una concha en la arena.
Beso tu boca de miel
en el frío cristal de mi almohada
con mi boca de escarcha

muda de suspiros.
Acaricio tu espalda de nieve
en las sábanas de nata
que envuelven mi cama
mientras la luna curiosa
se asoma a mi ventana.
No creas que, porque no me contestas,
te he olvidado.
Sigo escribiendo cartas al aire
que me devuelven
el eco de tu silencio,
pero me niego a dejar de hacerlo
porque la golondrina
sigue siendo mi mensajera
y la amapola el lacre
de mi esperanza.
Sigo cantando tu melodía,
grabada a fuego en mi corazón,
que el viento repite
como un lamento
por tu dilatada ausencia.
Sigo luchando conmigo mismo
para salir sin temor a buscarte
soltando por el camino
el duro lastre que me atenaza.

NO DEBEMOS RESPONDER

No debemos responder.
Nuestras preguntas son deseos
y sus respuestas temores.

Debemos permanecer callados
porque así nos entendemos.

Tu mano en la mía anudada
como ramas de verde hiedra
explorando nuestros cuerpos.

Tu boca en la mía sellada,
mariposa de alas plateadas
sobre una flor abierta
bebiendo la miel de un beso.

Mi cuerpo a tu cuerpo unido
para cultivar el jardín soñado
donde se respira amor y paz
y en el que nadie se atrevió a entrar.

Mi mirada en la tuya clavada
recorriendo el cielo que llena tus ojos,
en silencio, sin decir nada.
Nos hablamos sin pronunciar palabras.

NO DIGAS NADA

¡Calla, y no digas nada!
mientras acaricio tu espalda
de algodón rosa y grana,
mientras recorro con mis dedos
de plata los caminos que me llevan
a la cima donde florecen las adelfas.

¡Calla, y no digas nada!
mientras acurruco mi cabeza
en tu pecho de coral y nata
donde las ondas de mi pelo
encuentran refugio y nardo.

¡Calla, y no digas nada!
mientras mi boca pronuncia
tu nombre sobre tu frente
coronada de rizos
de plantas aromáticas,
mientras mis labios
sellan los tuyos en húmeda
comunión de lirios.

¡Calla, y no digas nada!
mientras mis ojos beben
el néctar divino que mana
de la fuente de miel y menta
de tus pupilas de canela.

¡Calla, y no digas nada!
mientras mi lengua
avanza curiosa por la gardenia
de tu vientre de arena
hasta llegar a la puerta
de tu santuario de perlas
donde una floresta
de jacintos perfumados
custodia el cálido mármol
que viste un dios pagano.

¡Calla, y no digas nada!
Siente mi corazón latir
como caballo desbocado,
libre y sin cuidado,
escucha la armonía de la tarde
que nos trae una melodía
de geranios al lecho
donde duermen los adagios.

NO ES UNA CANCIÓN DE CUNA

NO ES UNA CANCIÓN DE CUNA
Un río de orines enturbia el lago
donde los sauces contemplan
sus ramas de azabache
regadas copiosamente
por una fina lluvia de alquitrán
que destilan nubes negras.
Cisnes de plumaje enlutado
intentan nadar sin rumbo
por las aguas espesas de brea
con sus patas hundidas
en el fango y la baba telúrica
que les ata a un fondo oscuro.
Han desaparecido las hojas
de los olmos que guardaban
con mimo los nidos
de las alondras en sus riberas
y escuchaban con deleite
el trino de sus pequeñas nidadas,
ahora tan sólo advierten
el ronco gemido del viento
que se desgarra entre sus ramas
yertas como si se peinase
con un peine de púas de hierro.
Ya no se acerca la garza con su prole
a beber a la orilla que, cuando saciaba
su sed, se acicalaba coqueta el rostro
mirándose en el acuoso espejo
de cristal transparente y limpio.

Ya no bajan a jugar los gorriones
ni a dirimir sus cuitas amorosas
las ardillas y gacelas.
De las cumbres han huido las rapaces
en viaje sin retorno. Sus gemelas,
que cual eco resonaban en la superficie
del lago, se han borrado anegadas
en un charco inmundo de heces
y en invierno cubren sus cabezas
con un tocado de atezada nieve
y vagan en procesión de plañideras
alrededor de una sombría
corona de difuntos.

NO TE OCULTES

No te ocultes entre los almendros
de espuma para evitar mi mirada,
porque el ruiseñor de la mañana
con su bello trino me señala
el lugar que te sirve de celada.

No te ocultes tras las saetas
del reloj para evitar el paso
implacable de las horas
que nos pertenecen y eludes,
porque el dios del tiempo
en su camino con su esfera
de rostro estriado por los años
me indica la sombra de la tarde
donde calla tu inaccesible refugio.

No te ocultes tras los cristales
de los espejos verdes
para evitar mi tacto alegre,
porque la luna de agosto
ilumina con su halo de miel
el cuerpo de mi deseo
que, desde que te conocí, venero.

No te ocultes tras los pilares del templo
del silencio para evitar que contemple
tu hermosura, porque mi devota oración
puede deshacer el muro terco
que se interpone entre los dos.

No te ocultes entre los dorados trigales
de mi enojo para evitar que disfrute
del lago esmeralda de tus ojos,
porque ya me han convencido los pardales
para que destierre de mí el velo gris
de la tristeza y acuda a abrazarte
y a besarte sin demora.

NO TENGO FUERZAS

No tengo fuerzas
para buscarte entre la maleza
de la jungla urbana,
porque me ha abandonado
la sonrisa de la tarde
y el saludo de la mañana.

No tengo fuerzas
para seguirte en el silencio
de las calles mudas
donde tiene su estancia
la luna en las noches oscuras,
porque ella me impide el paso
hasta el tálamo de estrellas
donde reposas a su lado.

No tengo fuerzas
para soportar tu ausencia
que desgrana las esferas,
como un potente seísmo
en las entrañas de la tierra,
de este pobre corazón
que ha sido tu destino y sementera
y que hoy se encuentra
desterrado del sol y de la hierba.

No tengo fuerzas
para gritar tu nombre al viento

que me devuelve en sobre sin remite
el eco vacío del lamento
envuelto en sangre de amapola.

Ya no tengo fuerzas, no,
para seguir solo este camino
en soledad perpetua.

OLVIDO

El olvido grita entre las rejas
del ayer, cárcel donde un centinela
vigila la puerta escarlata
de un corazón herido por la daga
de una carta de letras blancas.
Después de aguardar sentado
en el sillón de la mutua estancia
el fruto de las semillas plantadas
por la flor de la pasión
en la artesa de nuestros cuerpos
durante tantas jornadas,
el otoño, ventoso cartero,
ha traído a mi ventana
las hojas secas
de un árbol sin ramas,
que ahonda una estación más
la sima de las distancias.
Esas hojas pegadas en el cristal
señalan, como diarios
huérfanos de noticias,
el dolor que araña
el espejo del alma
lastrada por el despiadado
áncora del olvido.

Y cuando llega el invierno
de la soledad amarga,
sólo se escucha en la sala

junto al fuego del hogar
donde se ahogan las brasas
el triste lamento de mi voz
apagada, que recuerda el eco
de tus últimas palabras.

OTOÑO EN EL CORAZÓN

Una lluvia intermitente
de hojas secas cae
sobre los solitarios corazones
en otoño.
Ocres, rojos y amarillos
componen en el pavimento
un original lienzo
donde se dibujan los deseos
de los apenados amadores,
que buscan protector consuelo
en las cortas tardes de ensueño.
Tan sólo en los ligeros brazos
de los hijos etéreos de las ramas
encuentran su confortable estancia,
al tiempo que escriben en ellos
desgarrados versos con sus lamentos.
Y más tarde el ronco viento
se lleva prendido a su talle
tres mil colores de ayes
llenando por completo el cielo
de nubes, suspiros y llantos.
Habrá que esperar a mayo
quien, con sus guirnaldas de aromas,
asista a la graciosa danza
de nardos y azaleas
y bajo el dintel de las rosas
y de las azucenas salude la llegada
del dulce fruto del amor prohibido.

PARAÍSO PERDIDO

Donde vierten las heridas
la sangre de un naufragio carnal
allí, en suntuoso panal,
depositan las abejas sus cuitas.

Donde las olas se escinden
con las aristas de los escollos
y la rizada espuma clama
en un grito incesante y sonoro
allí, en frío nido,
las gaviotas nutren sus pesares.

Donde las nubes batallan
en denodada lid
contra la afilada daga de las cumbres
allí, en agudos riscos,
los halcones siembran sus congojas.

Donde el trigo peina
sus dorados cabellos
allí, en oscura sima,
la sinuosa serpiente
atesora su veneno.

No extraña que el carmín de la tarde
nos tenga rendidos.
No extraña que el calor de unos besos
nos haya prendido.

No extraña que la sombra de un árbol
nos haga dichosos.
No extraña que el trino de un pájaro
nos devuelva la fe.
No extraña que el canto del agua
nos colme de paz.
No extraña que una palabra de amor
nos introduzca en el cielo,
porque esas pequeñas cosas
son los senderos por donde transita
el paraíso perdido.

POR NO TENERTE

Con mi noche a cuestas
por no tenerte
he ascendido al santuario
de la belleza
donde está tu cabeza inerte
coronada de mirto y olivo.
Por no tenerte
he de conformarme
con la estatua de aire
que he esculpido en mis sueños
tras largas veladas de insomnio
esperando tu llegada.
¡Cuántas veces he acariciado
tu espalda de pura plata!
¡Cuántas veces he perfilado
con mis dedos tu cara!
¡Cuántas veces he besado
tus labios de seda y alba!
¡Cuántas veces me he mirado
en tus ojos de nieve y calma!
¡Cuántas veces he bebido
con la sed del desierto herido
del manantial de tu vientre de nata!
Por no tenerte
tirito de fiebre en mi cama,
me despierto triste cada madrugada,
deambulo por calles, avenidas y plazas
sin encontrar la flor de tu ventana.

Por no tenerte
pregunto al viento, al monte
y a los humanos dioses
por tu oculta morada
y les pido que te ganan llegar
mis quejas de oro y jara
y mis suspiros de trenza y llama.

PREGUNTAS SIN RESPUESTA

¿Qué tienen los pájaros
que me hacen soñar
con islas misteriosas?
¿Qué tienen las alas de mariposa
que me llevan ligeras
a un cuento de hadas?
¿Qué tiene la pálida luna
que me hace sentir
un sosiego infinito?
¿Qué tienen las flores
que me hacen viajar
a paraísos descritos?
¿Qué tiene el agua
que en sus cristales
contemplo el rostro
de hermosas odaliscas
que habitaron la Alhambra,
y percibo en los surtidores
el sagrado canto de sus moradores?
¿Qué tienen las montañas
que llenan de magia
mi solitario corazón?
¿Qué tienen tus ojos
que, cuando me miran,
me arrebatan contigo
al fecundo humedal
de tus silencios?

PRIMAVERA

La Primavera te venera
como a una bella deidad pagana
que mora en su santuario cimero
en una montaña cuajada
de mirtos y espliegos,
de encinas y jaras.
Y trenza una corona de rosas
que coloca en tus sienes doradas
como atributo de tu regio porte.
Y te viste con manto de amapolas
y jazmines, cual perlas y rubíes,
y te ciñe la cintura vaporosa
con cendal de claveles y alhelíes.
Para tu frente, albahaca,
para tus ojos, hierba esmeralda,
para tu nariz, lilas y calas
y para tus labios, rojos geranios.
La dama de abril te ofrece sus dones
ante el altar de la espera
donde inmolas en la patena
de la ausencia el triste latido
de este pobre corazón desasistido
que no te encuentra,
y que tiene celos de la Primavera
que abraza tu talle con camelias,
que cubre tu pecho con azucenas,
que toca con sus dedos de genista
el centro de tu cuerpo de azalea

y que colma de margaritas,
como lluvia de maná en el desierto,
la cima de tu monte de jacintos.

¿QUIÉN DETENDRÁ LA LLUVIA?

La arena se escapa
por los poros del tiempo
que se desangra
en el vientre de una redoma,
mientras las gotas de agua
rezuman por las costuras
del cielo que las enjuga
como lágrimas amargas
en el lienzo de las nubes,
pero, ¿quién detendrá la lluvia?

Una luz de plata que desborda
el ámbito de la tiniebla
cuelga airosa de la lámpara
agarena de la luna llena,
cuando el sultán de las estrellas
deja su blanco corcel atado
en el amplio zaguán de la noche,
pero, ¿quién detendrá la lluvia?
La rama verde del olmo viejo
aloja el hogar del gorrión pequeño
que en idas aladas y venidas pausadas
crea una sinfonía tildada
en las bocas de su generosa nidada,
mientras en la consola grande
de una coqueta sala por la tarde
se amontonan los recuerdos
entre violetas cartas olvidadas

y retratos de damas, uniformes
y caballeros andantes,
pero, ¿quién detendrá la lluvia?
Esa lluvia que cala las entrañas
y abre una vereda amarga
por donde transitan
caracoles y hadas,
y el grave dolor que deja
tu ausencia larga.

QUIERO DECIRTE

En esta indeleble carta
quiero decirte que la rosa
ya no viste las altas torres
de las ramas, ni corona
con sagrado aroma
las blancas sienes
de las virginales muchachas
y que ha vendido en impura
almoneda su fragancia.
Quiero decirte que el jilguero
tampoco canta su nota escarlata
en las tardes repletas de nostalgia
y que el labriego ha olvidado
para siempre su azada
en su cabaña de dura escarcha.
También quiero decirte que el sol
ha abandonado su carro de oro
tirado por corceles de fuego
para descender hasta el abismo
donde las tinieblas pintan
de azabache los ojos del destino
y cubren de luto los versos de los poetas.
En esta agónica misiva
quiero decirte que el dolor
ya no busca entrañas donde alojarse
porque el aire respira sus aguijones.
Quiero decirte que el amor
acampa sobre una colmena

de cera donde las abejas
duermen el sueño de los profetas
y no en el salvaje corazón
de una luminosa estrella.
Que la joven luna se escapa
de su cuna de plata para esperar
sentada en el diván de la olas
el nacimiento de una sirena
con escamas de ágata
y senos de esmeralda.
También quiero decirte
que te extraño cada noche
en el frío sudario de mi almohada
y en la sala donde veíamos
crecer cada madrugada
nuestra dicha y sanábamos
la herida de la eterna canción
que sigue sonando
en nuestro honor
en cada emisora de radio.

SENTIMIENTO

El fuego del sentimiento
flota en una lámpara de aceite
que cuelga de una maroma
de vísceras donde se mezclan
los líquidos rituales
de la inconsciencia.
En la tímida estancia de la paciencia
juega a engañar al gran tahúr
de la pereza descubriendo sus cartas
marcadas con el sabor de la indolencia.
No contesta a la llamada de la envidia
que en nave de oro invita coronada
a sentarse en el trono de la apariencia,
ni arrastra las cadenas de la ira
que en eslabones de dolor suma
cadáveres a los muros de la inmundicia.
No rebusca harapos en el arca de la avaricia
con que mendigar una cinta de sueños
por los angostos zocos del desaliento,
ni camina altivo entre los altos ciriales
que desfilan en el laberinto de la soberbia
y que iluminan el rostro impenetrable
de la más arcana impudicia.
El sentimiento humano
se sitúa en el vértice
de una pirámide,
cuyos lados
deslizan la savia de la lujuria

y sus ángulos
acogen entre plumas
los obscenos lances
de la fortuna.

SI ME ESPERAS

Si me esperas
al final del camino
y veo tu mano tendida
me asiré a ella
con la fuerza de un niño
para no caer de nuevo
en la profunda sima
de mi agonía.

Llevo tanto tiempo
tropezando en amaneceres
cautivos y en ocasos
perdidos que no acierto
a recordar la tela de tu vestido,
ni la seda de tu piel de nardo
ni el olor dulce de tu cuerpo divino.
Si te digo que cada día que pasa
espero tu anhelado regreso
apoyado en la ventana de la memoria
donde el alféizar es tu sonrisa
y el cristal tu grata caricia,
acudirías sin demora a sanar
mi honda herida que supura
espeso dolor desde tu triste partida.
Enséñame a ver tu rostro
en el paisaje que me rodea,
a sentirte cerca en el andén
de la eterna primavera,

a besar tus mejillas
en la golondrina
que me consuela,
a abrazar tu cuerpo
en el rosal y en el almendro
y a notar tu calor
en el blanco lienzo
de mi habitación.

Si me esperas
al final del aliento
me pierdo contigo
en la manigua
de mi recuerdo.

SI MUERO MAÑANA

Si muero mañana
trenza una corona de mirto
y deposítala en un arroyo canoro
para que la lleve hasta el mar.
Conjura al cárdeno atardecer
con un salmo profano
y eleva una lúbrica elegía
a la plateada luna
que de nata se viste
para asistir a su nocturna vigilia.

Si mañana muero
calza chapines de cera
y camisa de blanco lino
ceñida con cinturón de seda.
Coloca una florida vela
ante el ara sagrada
del templo de la sabiduría
para que con su luz ilumine
la oscura gruta de las mentes
donde se alojan las tinieblas
de la ignorancia.

Si muero mañana
despierta con una sonrisa clara
que envidie el jilguero en su rama
y el corcel en su trote,
que alegre al pardal en su nido

y a la rosa en su tallo.
Acaricia la sombra del amor
que un día se fue sin avisar
de tu ajado corazón de enamorado
para que regrese de nuevo a tu lado
tras haber felizmente sanado.

Si mañana muero
no llores por mí,
que no abandono
el cálido hogar
de tu acogedora alma.
Si muero mañana
saluda a la vida que celebra
la lágrima que contiene
este eterno poema.

SIEMPRE

Siempre es un espejismo.
Nada dura eternamente.
Todo cabe en un instante.

La luna enamora a los amantes
en los altos andamios de los árboles
entre hojas de seda y ramas de jade.
Las nubes enjugan las lágrimas
de las flores con su lienzo de algodón
entre campos de esmeraldas
y montes de blanca emoción.
La noche extiende su manto
de negro azabache sobre la tierra,
las estrellas se encienden
cual farolillos de feria
y los luceros se adornan
con pendientes de perlas.
Todo cabe en un instante.

La magia de tu sonrisa
enreda mis labios de cera
en dulce panal
de sinuosa simetría.
El limpio espejo de tu mirada
refleja la cara oculta
de mi rostro de niño asustado.
La poblada selva
de tu suave anatomía

redime en incruento sacrificio
de verde melodía
la duda permanente
de mi ansioso corazón.
Nada dura eternamente.

Llevo tu grato aroma
tatuado en mi piel.
Adoro tu sensual figura
en el elevado altar de mi mente.
Siento tu blanda mano
prendida en mi cintura.
Escucho tu voz grabada
con surcos de plata en mi alma
y quiero enlazar tu cuerpo
a mi cuerpo en único destino
para siempre,
aunque siempre
es un espejismo.

SIGO AGUARDANDO

¿No te han llegado los jacintos
que te he enviado
con el viento suave,
ni has escuchado los versos
que he enseñado
a los pardales
para que los reciten
en el alféizar de tu ventana?

¿No te ha llevado la luna nueva
a tu alcoba la guirnalda
de amor labrada en el crisol
de mis sueños de nata?

¿No has escuchado el eco
de mi corazón de arena
latiendo como corcel herido
que apaga su sed
en la fuente serena
de un valle solitario?

¿No has visto el anillo de trigo
del jardín prohibido
que te he enviado
con el mensajero de la tarde?

¿No has tocado las alas de la mariposa
donde he grabado tu nombre
con sangre de mil amapolas?

¿No has encontrado mis besos de miel
presos en las páginas blancas
que han sido elaboradas
en la colmena de mis dedos de cera?
Y como un romero
en pos de una quimera
sigo aguardando
al filo de la madrugada
la llegada de tu verde mirada
tras la noche cerrada
que se derrama
en el laberinto denso
y gaseoso de tu cintura.

SOBERBIA ARQUITECTURA

En el arco ojival
de tu soberbia arquitectura
planea en vuelo sinuoso
una blanca paloma
de alas sedosas
y se posa con pie
donoso en el altar florido
de tu dulce boca.

Una suave alondra
de trinos dorados
rinde su aria amorosa,
aprendida en el pináculo
de gloria, ante el celoso
sagrario de tus labios,
al tiempo que una golondrina
engalanada con manto
de regio azabache y estola
de nieve radiante
juega en el crisol de colores
que escapa de tu irisada mirada
que, cual vitral de gótica ventana,
inunda de luz divina
el interior de mi oscura estancia.

Sólo el pequeño gorrión
se atreve a dormir
en la grata nave

de tu amplio pecho,
porque lleva en su pico menudo
el poema que compuse para ti
en el ameno claustro de sombra
de tu placentero seno
para que lo recitara bajito,
como un sagrado salmo,
en las agujas altas de tus oídos.
Y yo, romero herido,
tras jornadas sin descanso,
entro con profunda devoción
en el santuario de tu cuerpo
por la anhelada puerta,
para adorar junto a las aves
que te habitan con contento
la ebúrnea imagen
que se oculta dentro.

SÓLO EL SABIO DEJA HABLAR A LAS PALABRAS, EL NECIO LAS INTERPRETA

Deja que las alas del pájaro le lleven
a encontrar sus ansiadas selvas,
sus perdidas ínsulas, sus amadas cumbres.
Deja que los ciervos jueguen en sus frondosos bosques,
beban en sus limpias fuentes, amen en sus amenos valles.
Deja que los peces coronen la espuma de las olas,
surquen las rizadas aguas, salten las azules ondas.
Deja que las palabras hablen.
No las encadenes a tus pensamientos.
Deja que fluyan del manantial sereno
de la vida, de su propia vida.
Construye una Babel de ensueño
donde tengan cabida todos los fonemas.

SONÁMBULO Y ENFERMO

El azul me abandonó una tarde
para tornarse gris oscuro
y no regresar más al color puro
que lucía antes de marcharte.
Esa profunda melancolía
de la lluvia tras los cristales
empaña las largas horas
que transcurren dormidas
en el interior de los relojes
y que dejan prendidas
en los faroles
la estela luminosa
de tu sentida ausencia.
Mirando las estrellas
intento consolarme,
noche tras noche,
creyendo ver en ellas
tu bello rostro
de cultivada perla
e imagino a la luna vestida
con su blanca camisa de harina
y su falda de plata argentina
acudiendo al banquete privado
que he preparado para tu venida.
Y abrazados en el diván del cielo
nos recita amorosos versos,
mientras baila una danza agarena
como Salomé en el rojo desierto.

Y después de recorrer tu cuerpo
con mi boca y con mis dedos
y explorar las rosas
de tu jardín ameno,
respirando tu aroma
y sintiendo tu terciopelo,
me despierto
sonámbulo y enfermo
y compruebo
en la fría soledad de mi alcoba
que no hay banquete,
ni luna ni espejos
donde contemple
la sombra de tu figura
tallada con el cincel
de mis sueños.

SONETO

Si las nubes atrapan con su dedo
las cometas perdidas de los niños
y el viento revuelve con sus guiños
los rizados cabellos con denuedo,

así mis manos juntas en un credo
suplican que me brindes los cariños
y dejes los amargos desaliños
en los que día y noche me enredo.

No prolongues esta sorda locura.
No castigues más mi alma enamorada.
¿No ves en mis ojos la espesura

de la lluvia en surcos derramada
como las olas que en la noche oscura
se quiebran en mi playa desolada?

TAL VEZ

Tal vez un mirlo deje de ser blanco
porque ha encontrado el tiempo perdido
entre las páginas de un libro no escrito.

Tal vez la fortuna encuentre el anillo
que dejó olvidado entre las redes
rojinegras de una caprichosa ruleta.

Tal vez el laberinto halle la salida
en la sinuosa curva de la elegancia
donde unos ojos contienen el mar
y unos labios la aventura aguardan.

Tal vez la golondrina de verdes trinos
abandone definitivamente el nido
que dejó triste y vacío
en el sombrío patio del desamparo
para buscar con su elegante vuelo
el donoso balcón de tu sonrisa.

Tal vez el Amor descubra
un corazón sincero
donde consiga el reposo
de tanto caminar descalzo
entre descuidos y abrazos.

TE ECHO DE MENOS

Nunca esperé de ti una mirada,
una caricia o una palabra.
Nunca me ofreciste tus labios
para que los besase yo.
Nunca jugué a enredar
mi mano en tu pelo crespo.
Jamás dibujé con mis dedos
el dulce perfil de tu pecho,
ni me acerqué con deseo
a tu divino centro
para sentir el perfume denso
de tu intrincada selva
y, sin embargo, adoro tu cuerpo
como se adora un icono
en su sagrado templo,
y te busco en la luna de los espejos
y en las personas que transitan
a mi lado por las concurridas
aceras de la ciudad.
Te quiero en mi lecho
para que llenes la soledad
de mi almohada y temples
el frío invierno de mis sábanas.
Jamás cejaré de soñarte
cada noche en íntima quimera
para que a fuerza de imaginarte
llegue hasta ti mi voz
y acudas pronto
al eco de mi llamada.

TRISTE MELODÍA

Escucho el eco lejano
de un viejo violín que interpreta
una triste melodía
en sus cuerdas de carne lacerada
al filo de un arco de nardo
que dirige con duelo
una mano de fría plata.
Su lamento de gamo herido
entre los espinos del ocaso
acompasa mi llanto
de arena en la grupa
de mi noche oscura.
Y castiga con su afilado grito
la hoja de miel de mi lisura
y me devuelve al envés de mi cordura
donde un reloj perfuma el aire
y una amapola marca las horas
ceñida como cordón a mi cintura.
Con su triste canto lastima
mi corazón de avena
en pantano de sombras guarecido
y cultiva una dalia de sangre
enrojecida en el alféizar
de una nota definida.
No siento el pulso en las sienes
dormidas de tanto soñar despiertas
la llegada de la luna vespertina
a mi pobre alma de palma arrepentida.

Cuando el violín calla
entre nuevas espigas
y ramas de polvorienta encina
sollozo a escondidas
a la pálida luz del verde puerto
donde atraca mi bruno tormento.

TÚ

El corazón del ángel
empaña los cristales del cielo
cuando sostiene entre sus alas
el delicado peso de tu mirada.

El regazo del abeto
vela el sueño
de la blanca luna
que plácida duerme
entre sus tiernos brazos.

Los ojos del faro,
como un inestable acróbata,
desde una vertical ladera
responden al oscuro eco
de un turbado navío.

La espesa bruma
con sus vaporosas manos
acaricia los erguidos juncos
y los dorados cabellos de la mañana.

El suave viento,
que riza las mieses
con su eterna sonrisa,
mueve las hojas
que en plata se tornan
cuando ejecutan su danza

en los elevados salones
de su palacio de magia.

El cristalino río
canta su acuosa letanía
entre sinuosos prados
y esbeltos cipreses
que unen a él sus voces
para entonar una bucólica sinfonía.

Y tú, como ese ángel,
y tú, como ese abeto,
como ese faro y esa bruma,
como ese viento y ese río
anclas la tristeza de mi estatura
al fino espejo de tus profundos mares.

TUS LÁGRIMAS

Tus lágrimas, rocío de otoño.
Tus ojos, espejo de espuma.
Tus labios, manantial inagotable.
Tus manos, alas de mariposa.
Tu cuerpo, manigua profunda
donde anida el ave del paraíso.

UN RAYO DE LUNA

Un rayo de luna
viste de plata
la piel de la oruga
que camina descalza
sobre la tez mojada
de las aceitunas.

En tiempo de requiebros,
de danzas y de sumas
un lirio morado
de ojos de blanca espuma
y labios de verde trigo
bebe las lágrimas azules
que vierten
en alborotada bandada
las alondras y los gorriones
desde los solitarios
y abandonados balcones.

En el dintel de la vida
se aojan las horas
que una cadencia de arena
en perpetua cascada
deposita en el fondo
de una redoma.
Allí confluyen las manos,
los besos y los adioses.
Allí el color y la sangre,

la dicha y el aire.
Allí la temprana inocencia
y la madurez de la tarde.
Allí la conciencia perdida
y la memoria gigante.
Allí la soledad de la luna
y su blanco miriñaque
que guarda un rayo de plata
para ahogar los desaires.

UN TORBELLINO DE ALAS

Un torbellino de alas de gorrión
dibuja un paisaje de dulce algodón
en el blanco lienzo de la alcoba.
El sueño se despierta sereno
tras vagar entre brumas y enredos
de cabellos de sol y viento.
El potro alazán de tus caderas
cabalga sin freno ni brida
entre valles y barrancas
de verde aceituna
y rizada ceniza
llevando en su grupa altiva
al jinete ciego de la fortuna.
El trigo se mete en la cama
para besar tus labios de escarcha
y fija sus ojos de nata
en el blando seno de la almohada.
No hay besos, caricias,
susurros, cariños, palabras,
que no cubra la piel de una sábana.
No hay lirio, rosa, jazmín o lavanda
que compita en color con tu mirada.
No hay dicha, pasión o contento
como el que disfruta mi alma
cuando me desvelo y te encuentro
a mi lado durmiendo.

UNA TARDE DE LLUVIA

Veo caer la lluvia tras los cristales
y evoco recuerdos de niñez:
La caricia de una mano de nieve.
El cuento narrado por anónimas voces
en una humilde radio al atardecer.
Los juegos bulliciosos en la arena de la calle.
La cartera con el libro sabio
en cuyas páginas se dibujaban
las montañas y los ríos,
los leones y los gatos,
las cifras y los versos,
las fracciones y los datos,
las palabras y los cantos,
los reyes y los siervos,
la luna y los planetas.
Las canicas, las carreras,
el aro, la peonza y la encimera
donde sentado comía alegre
la onza de chocolate
de la merienda.

Veo caer la lluvia tras los cristales
y evoco recuerdos de adolescencia:
El beso robado a unos temblorosos labios.
Las tardes de cine entre risas,
vaqueros, princesas y romanos
que emparejaban sin cuidado
pipas de girasol y juegos de manos.

Los paseos solitarios
entre acacias y álamos.
La melancolía inexplicable
en pos de una vana ilusión.
La profunda emoción
al sentir el furtivo roce
de un cuerpo soñado.
Los inconfesables deseos
ocultos en el arca del corazón
y la ansiosa carrera por llegar
cuanto antes a la meta
de la edad dorada.
Veo caer la lluvia tras los cristales
y evoco recuerdos de madurez:
La reposada lectura
de una perfecta novela.
La charla amigable
alrededor de una mesa.
La sencilla poesía de un amanecer,
de una sonrisa, de una mirada,
de una campana que tañe admirada.
El vivo fuego encendido
de una maravillosa pasión.
El poso de siglos sobre el arco gótico
bajo el que se cobijan silentes historias
de un pasado heroico.
La elegancia del nardo,
el aroma del romero
y la calidez de la rosa.
La suave piel de un cuerpo de mariposa
y el continuo goteo de la arena
en el fondo de la redoma,
que hipnotiza con su eterno
e infatigable devaneo.

VEN, TRISTEZA, VEN

Ven, tristeza, ven,
inunda mi corazón
con tu aguijón de seda.
Deposita tus huevos
en la herida de mis entrañas.
No permitas que nunca más goce
con el sol de madrugada
ni con las fuentes ni las majadas.
Anega para siempre
en un paisaje gris
el brillo de mis pupilas
y cubre con un velo,
como un retablo de pasión,
la arquitectura de mis pensamientos.
Ven, tristeza, ven,
que te llevo esperando un año entero,
que quiero que te instales en mi santuario,
para llevarte cada día las ofrendas
de mi dolor y mi tormento.
Ven, tristeza, ven,
que quiero sentirte a mi lado,
que quiero pasear contigo de la mano,
que quiero confesarte mi pecado,
que necesito que decores mi escenario
porque, como único atrezo, tengo
una cama vacía y un llanto diario.
Me duele el aire que respiro,
me quema la nieve de tu recuerdo

y arde en mí la madera de mi pecho.
Se desdibuja con el tiempo
la rosa de mi cuidado
y se borra tu bello rostro
del lienzo de mi memoria.
Reniego de la luz y del color,
reniego de la plaza y del balcón,
reniego de la risa y de la flor
y busco permanentemente
en las aristas la daga que hiera
mi cuerpo de ceniza.
Ven, tristeza, ven,
perfora mi corazón
con tu profundo aguijón
hasta que no quede en él
ni una sola gota de la sangre
de tu amor.

VIENTO DE OTOÑO

Una alfombra de hojas secas
bajo los pies crepita en los senderos
y el viento mece las nubes
y recita poemas y antiguas canciones.
Una anciana sentada frente al fuego
recuerda ilusas pasiones.
Por la ventana pasan las aves
y una fina lluvia empaña los cristales.

El pulso de la vida se detiene:
el alegre gorrión se oculta entre las ramas,
la frágil mariposa abandona sus alas,
la hacendosa hormiga olvida sus filas,
la esbelta gacela escapa de los arroyos,
el hombre busca en su memoria
la ansiada respuesta a la sinrazón.

Y NO ESTÁS

Seguimos empeñados en la distancia
que estremece nuestras manos
que no aciertan a resolver las dudas,
y como ciegos en mitad de la noche oscura
paseamos en calesa nuestras ganas
y apelamos con los dientes a la luna.
Solos en la penumbra de la alcoba
medimos nuestros cuerpos ateridos
en la soledad distante de las sombras
y en el recuerdo alegre de los sentidos.

Al pasar mis dedos por mis labios
siento el roce dulce de los tuyos
que abiertos, cual panal florido,
derraman su dorada miel sobre los míos.
Al tocar mis ojos con mis dedos
siento clavadas tus pupilas en las mías
que arrojadas, cual ancla marina,
arrastran mi deseo continuo
y me llevan contigo adentro
para unir con el tuyo mi destino.
Al acariciar mi pecho con mis dedos
siento latir tu corazón pegado al mío
y el sonido acompasado de los mismos,
cual relojes hundidos en la arena,
me permite descansar junto a tu seno.
Al cubrir mi centro con mis dedos
noto el calor que mana de tu centro

que al despertar, cual volcán
dormido por siglos y siglos,
busca la ranura irisada del camino
para verter su lava generosa
en la ladera frondosa
de nuestro jardín prohibido.
Apéndice

APÉNDICE

RÉQUIEM POR PALESTINA

La vida es un breve paréntesis
entre dos nadas eternas:
La nada viscosa antes de nacer
y la nada podrida después de morir.

Entre las ruinas de edificios en llamas
y despojos calcinados
por bombas de siónica metralla
veo rencos y ciegos gigantes,
monstruos de satánica levita
y quimeras de tufo rabínico.
Para comenzar el día desayuno
con vísceras de niños,
piernas de mujeres veladas
y brazos de ancianos venerables,
mientras escucho en los medios
a insensatos de manual
y a mediocres a la carta
que manchan la memoria
de cadáveres coronados
de cipos y de lápidas.
A mediodía como con gruesos
gusanos de tanto cebarse
en la carne acobardada de señoras
a las que inmolan en una hoguera
alimentada con su hipócrita moral.
En el ocaso ceno con hienas
sedientas de sangre coagulada

en los vertederos de la humanidad.
Por el camino he visto cosas
que me han erizado el alma:
Ojos arrancados de su mirada,
cuerpos desmembrados
en aristas elevadas,
bocas sin lengua
para secuestrar las palabras,
dientes sin encías
donde anclar los estribos,
entrañas de inocentes desgarradas
entre espinos y barrancas,
pedazos de espoletas
entre escombros de moradas
donde ya no germinan
ni la rosa ni la rama,
jirones de corazones
aleteando al viento
como guirnaldas deshojadas.

Sin moverme de mi cama
contemplo el genocidio planificado
desde los altos despachos
y la sima que nos separa
de la decencia, de la justicia
y de la esperanza
en esta bestial cárcel mundana
donde las naciones hermanas
no hacen nada y las naciones
cristianas ocultan su mirada,
donde la serpiente es la reina
y la araña su rendida dama.
Ciertamente he visto cosas
que me han erizado el alma.

GAZA

Nubes de blanco sudario
se desperezan al alba
sobre cuerpos de añil y violeta
envueltos en harapos
de sangre amapola
y lloran sobre los escombros
lágrimas de negro azabache.
Madres de alma enlutada
sostienen en sus brazos
hijos de boca cerrada
y ojos de duro nácar
y gritan al cielo escarlata
saetas de árida garganta.
Un macabro caudal
de fuego asesino
cada noche se derrama
sobre el suelo devastado
de sombras de hospitales
donde se pasea la Parca
mostrando su sonrisa helada
entre jergones rotos,
restos de cunas y camas
y vísceras desgarradas,
sobre el suelo arrasado
de escuelas sin encerado,
sin lápices de colores,
sin pupitres ni bancos,
sin risas ni juegos en los patios.

Los ancianos esperan con calma
sentados a la puerta
la llamada de la triste dama
y los jóvenes escarban,
como alimañas, cada mañana
entre los restos de las casas
buscando un soplo de vida
entre las asoladas tapias.
Y como cada ocaso,
cuando el sol se marcha,
se ocultan entre las ruinas,
como enjambre de hormigas
asustadas, a esperar
un día más la llegada
de la cruel tormenta
de sionistas truenos
cargados de muerte añeja
sobre sus cabezas,
en tanto que la luna agarena
se cubre su pálido rostro
con un oscuro velo de arena
para asistir al sepelio
de su sagrada tierra.

ISRAEL

¿Quién le ha dicho a los hebreos
que son el pueblo elegido?
¿Acaso anda un dios de colina
en colina saltando
para decirle al oído
a un hombre escogido
que él sólo es señor
de una pequeña parte de todo
lo que de su mano ha surgido?
¿Y esa invención le redime
de causar el exterminio
de la población palestina,
arguyendo que en el libro
su dios le prometió un paraíso?
¿No será que esa religión
por siglos perseguida
se convierte en opresora
en venganza por su frustración,
tal como reproduce el vástago
el castigo infligido por su progenitor?
¿No será que la mala conciencia
de un occidente insaciable
permitió la creación
de un estado artificial
en el mismo lugar
que ya ocupaba
una cultura ancestral,
convirtiéndola de hecho
en rehén de su propia nación?

Ser hebreo no implica ser escogido,
ser hebreo no es ser una etnia,
ser hebreo es ser latino,
germano o belga.
Ni un oráculo habló a Moisés,
ni le señaló ninguna tierra,
ni le mostró una señal externa
que identificase a los varones
de su amado linaje.
Todo es una burda patraña
inventada por los hombres
para sentirse impunes
utilizando su confesión religiosa
como testigo y a su antojo
para perpetrar ingentes destrozos,
y así, en nombre de un dios
a su imagen creado
poder cometer masacres,
crímenes y todo tipo
de atrocidades.

LA OSCURA VEJEZ
(EL PASADO SIEMPRE VUELVE)

He tenido que llegar a la vejez
para recordar desgraciadamente
los años de mi niñez.
Cuando pensé que para siempre
quedarían atrás las censuras
de películas y de libros,
de revistas y de artículos,
de palabras y de hechos;
cuando pensé que estaban
ya superadas las estériles
y bizantinas discusiones
sobre la necesidad y vigencia
de los derechos humanos;
cuando pensé que nunca más
se perseguiría a las personas
por su preferencia sexual,
ni a las familias por sus decisiones
y diferentes modelos
elegidos en libertad,
ni por defender la idea
de justicia social;
cuando pensé que jamás
se atacaría al pobre
por su desgracia ni al migrante
por su indigencia;
cuando pensé que estaba asegurada
la fraternidad universal
y que hombres y mujeres caminaban

juntos en igualdad;
cuando soñé en los espejos virtuales
que Franco y sus sicarios
se irían de una vez,
que podríamos vivir
tranquilamente sin un rey
y que la alianza entre el trono
y el altar acabarían
durmiendo en un portal,
reconozco que me equivoqué.
La Historia se repite de manera
tozuda una y otra vez,
pues el hombre tiene memoria de pez,
y basta el devenir escaso
de un par de generaciones
para olvidar el pasado
y rescatarlo de nuevo
pensando que es el presente
más innovador y más moderno.
Vuelve la vieja beata
con alpargatas de trapo,
que se viste de fino paño
y calza chapines de plata,
pero sigue siendo la misma
vieja de antaño:
la que defiende
la moral de los rancios,
la que adula a los ricos
y a los bancos,
la que propugna una patria
en la que sólo caben
unos cuantos,
la que se muestra fuerte
con los débiles y débil
con los potentados,
la que se levanta la falda

y ofrece el culo a sus amos,
la vieja España que a los jóvenes
les parece nueva y cercana.
¡¡Cómo me equivocaba!!
Debo ver a mis años
el retorno del desparpajo
totalitario, de los bulos
y de las noticias falsas
en las redes y en los diarios,
en las televisiones
y en los juzgados,
jugando a intoxicar las mentes
de miles de ignorantes sapientes
que ni leen ni padecen,
analfabetos escolarizados,
con estudios universitarios,
pero con la cabeza hueca
como decía Machado.
Ignorantes que confunden la libertad
con una cerveza y un plato,
mientras les roban salario,
escuela y sanatorio
para alimentar a buitres callados
que se quedan con todo
en los parqués de los mercados.
Porque me he equivocado
y no he luchado para acabar
mis días chapoteando en el lodo,
he de volver a combatir
desde mi puesto corriente,
trinchera contra el fascismo
que vuelve, contra la mentira
presente y la intolerancia
abusiva e insolente,
trinchera colectiva que defiende
la República, la verdad y la libertad.

LA IGNORANCIA DEL PROLETARIADO

Si la gacela no duerme
en el lecho del león
y el antílope evita la orilla
que vigila el cocodrilo.
Si la oveja no pasta junto al lobo
y corre rauda al redil
cuando lo siente cerca.
Si el ratón se oculta
a la vista certera del águila
y el pez sortea las ondas
para escapar de las aves
que los observan
en el espejo del mar.
Si el perro huye de la mano
que lo apalea y ladra al enemigo
poniendo en guardia finca y vecino,
entonces,
¿por qué irracional motivo
el obrero besa los pies
de quien lo explota y envilece?
¿Por qué se refugia
en el pecho de su verdugo?
¿Acaso ha perdido la cordura
y se sacrifica, como un suicida,
en la patena de la ignominia?
¿Por qué entrega y regala
su voto y su vida
a aquellos que lo castigan

y lo tratan con desprecio
y con villanía?
¿Acaso se conforma
con recibir las sobras
de la mesa de sus amos?
¿Hay en su actitud hastío
o resignación humana?
¿O es que lleva su piel cargada,
como la urna
que cada cuatro años
llena de papeletas vanas,
de heridas infligidas
por siglos de vejaciones,
de burlas y de manipulaciones,
pues siempre se reproducen
y mandan quienes no presentan
candidatura alguna
manejando desde la altura
del escenario los hilos
que mueven las marionetas
serviles de los gobiernos
y rotas de los obreros?

DISCORDIA

Calzando chapines de plata
deambula, coqueta, en la plaza
la flor de la discordia.
Va oteando su presa
entre la muchedumbre dispersa
por puestos de caprichos y penas
y voceros de falsas promesas.
Lleva en su tallo la envidia
y en sus pétalos la codicia.
Toma de las damas la sonrisa
y de los caballeros la caricia
para seducir con su traje elegante
a curiosos y distraídos viandantes.
Ejecuta en mitad del mercado
una danza lasciva que atrapa
a niños, jóvenes y ancianos
y planta en ellos la semilla
de la disputa y del desengaño.
A medida que se despoja
de gasas, tules y ropa
va dejando al descubierto
sus dulces carnes de moza
que todos desean gozar
en su alcoba.
Uno intenta subir al estrado,
otro le agarra del brazo
y un tercero empuja
a ambos al suelo.

Todo sucede al momento,
mientras los más asisten
a la escena quietos,
contentos de ver desagarrarse
a jirones la carne
a hombres maduros, derechos,
como si fuesen perros hambrientos
devorando un festín suculento.

PATRIA

No me hables de patria
si en ella sólo cabe una bandera.
No me hables de patria
si en ella sólo cabe una lengua.
No me hables de patria
si en ella sólo cabe un credo.
No me hables de patria
si en ella sólo cabe un pensamiento.
No me hables de patria
si en ella sólo cabe
una única manera
de entender el sexo.
No me hables de patria
si sólo caben machos blancos
y mujeres sometidas en ella.
No me hables de patria
si en ella no caben amarillos,
negros, eslavos ni agarenos.
No me hables de patria
si en ella sólo caben
defraudadores de hacienda.
No me hables de patria
si la riqueza común generada
acampa fuera, en otras fronteras.
No me hables de patria
si los buenos patronos
explotan con saña al obrero
y se niegan a repartir las ganancias.

No me hables de patria
si para que vivan bien unos pocos
los más tienen que vivir como ratas.
No me hables de patria
si ésta es tan pequeña
que apenas cabe una rama.
Háblame de patria
si en ella despiertan
muchas madrugadas.
Háblame de patria
si en ella florecen rosas,
claveles, margaritas y malvas.
Háblame de patria
si sale el sol para todos
cada mañana.
Háblame de patria
si las manos se enlazan
en fraterna alianza.
Háblame de patria
si los pájaros danzan
una canora romanza.
Háblame de patria
si todos poseen
una digna morada.
Háblame de patria
si podemos dejar
que el amor se vista
con trajes diversos.
Háblame de patria
si es un lugar sin barreras
donde no hay que luchar,
porque no existe nadie
que sobre o sea ilegal.
No me hables de patria
en corto y en singular
porque sólo hay una patria

que abarca a toda la humanidad.
Si sólo me hablas de una patria
en minúscula y en exclusividad,
donde sólo caben
los que piensan como tú
y escupes tu oscuro odio
como vómito febril
sobre los que sufren
por sobrevivir, entonces,
entonces, me estás
diciendo a gritos
que la única patria
que te mueve
y te representa
es tu propio egoísmo.

PESADILLA

Asciende por la áspera montaña
del oprobio y del ofidio
la sombra negra y ardiente
del hombre que nunca duerme
y que lleva en sus pies un acertijo.
Mientras sube va recogiendo
zarzas, abrojos y espinos
para trenzar una corona
que encaja en sus sienes pardas,
y con su cayado espanta
pardales, alondras y golondrinas
y lo usa como arma
para secar el fruto en la rama
y matar arbustos, árboles y retamas.
Su mano agrietada de siglos
convierte en escarcha
el prado encendido y la flor regalada
que asoma lozana al borde del camino.
El hombre que nunca duerme
porta en su capa langostas
de verde olvido y arañas
de turbio destino
que fabrican su oscuro nido
entre los surcos de su viejo cinto.
Y a medida que avanza
en su violenta escalada
de sus plantas va fluyendo
un viscoso elemento

que impregna la escarpada senda
con una espesa baba,
cual tinta infecta,
que va escribiendo entre las piedras
el alma del acertijo:
"Siguiendo la larga vereda
culminarás la cima
donde te espera
la dama de nieve
en su cabaña de mirra".

EL ACUERDO.
(A CIERTO PARTIDO QUE SE HACE LLAMAR SOCIALISTA)

Lo importante es el acuerdo.
Hay que acordar. Es básico acordar.
No importa el contenido del acuerdo.
Es imprescindible acordar
y estar de acuerdo en el acuerdo.
¿A quién no le interesa acordar?
Lejos del contenido del acuerdo,
lo fundamental es el acuerdo.
Quien no quiere acordar,
no es digno de representar
a los ciudadanos por muy malo
que sea el acuerdo.
Mejor acordar que no acordar.
Mejor ser recordado por acordar
que ser olvidado por no haber acordado.
Vayamos con denuedo y con ademán firme
a Bruselas, que es el centro del acuerdo,
a rubricar con lacre nuestro acuerdo.
Conservadores y liberales,
pilares de un régimen podrido
y corrompido, se reparten los sillones
judiciales con anuencia de los Borbones
en la sede del capitalismo más salvaje
del que formamos parte.
Todos ufanos y felices,
pues tras seis días de retiro penitente
de un circunspecto y dolido presidente
su promesa se ha cumplido finalmente

de regenerar la política inclemente,
y así en la capital del continente
un reparto de cargos y funciones
en las altas instancias y tribunales
de los magistrados alineados
con sus respectivos amos
durante cinco años imposible
por fin se ha conseguido
y consolidado, para que todo
continúe exactamente en su sitio,
y así el sistema político emanado
de la reforma del franquismo asesino
prosiga atado y bien atado
otros cincuenta años
como dijo en su día
el golpista enano
con la anuencia
y el silencio del pueblo domado.
Sigamos acordando
todos los acuerdos posibles,
porque lo importante
no es el fondo sino el acuerdo
de lo acordado.
Es imprescindible el consenso.
Sin el consenso estamos
perdidos y dispersos.
Si no hay consenso
no estamos contentos.
Prosigamos por la senda
del acuerdo y del consenso
y no hagamos reformas
de calado y de sustento
no vaya a ser que a la nación
se la lleve el viento.
Sigamos con el acuerdo
y el consenso para que en España

se perpetúe la práctica
del adocenamiento y de la desidia
por aburrimiento.

OTRO CORPUS EN TOLEDO

El jueves tras la Trinidad
acuden al escaparate de la vanidad
caballeros e infanzones,
peinetas, estandartes,
obispos y sacerdotes,
políticos, militares,
cofrades y niños de comunión,
mientras una saeta de luz
ilumina calles y callejones
traspasando solitarios corazones,
que desde la vía o desde los balcones
contemplan emocionados
el paso de la inmaculada luna
de trigo enamorado,
presa de una dorada babel
de zafiros y rubíes,
de esmeraldas, esmaltes y diamantes,
de la que necesita huir
para enjugar las lágrimas del olvido,
para reparar la fatiga del engaño
y el hastío de la infamia.

Necesita huir con paso cierto
de esa confusa celada
para curar las heridas de la mentira
y los crueles golpes de la ignorancia,
para acariciar el rostro
de la doncella ultrajada
y saciar la insaciable sed de justicia.

·262·

Ni los mantones ni las guirnaldas,
ni los paños ni los tapices,
ni las flores ni los reposteros,
ni el tomillo ni el romero
sirven para encubrir
la violencia ejercida un año entero
contra la viuda y el diferente,
contra el parado y el extranjero,
contra el obrero y el indigente.

Desde su celda de oro el Nazareno
sigue pronunciando la palabras
que el eco de los siglos
transporta hasta el presente:
"No he venido a adular
a los llamados justos por sí mismos,
sino a consolar a los afligidos".
"No tienen necesidad de cuidados
los sanos, sino los enfermos".
"Bienaventuradas las víctimas
de escribas y fariseos modernos".
Por culpa de oropeles y estruendos
parece que han olvidado
las enseñanzas del Evangelio.
El jueves tras la Trinidad
sale a las calles el Señor y Dueño
de quienes dicen representarle
para continuar un año más
oprimiendo al pequeño
en lugar de cumplir sus mandamientos,
pues que Dios se lo demande
si, con tanto empeño,
siguen su nombre corrompiendo.

ÍNDICE

Dulcedo quedam mentis advenit